市民の考古学—19

ミルクの
考古学

庄田慎矢

同成社

は じ め に

　考古学でミルク？　と不思議に思ってこの本をお手にとってくだ
さったとしたら、それは本当に嬉しいことです。「考古学」と「ミ
ルク」がすんなりと頭の中で結びつく方は、特に日本では、そう多
くないかもしれません。

　牛乳を筆頭とする動物のミルクが現代の私たちにとって重要な食
糧であることを、わざわざ説明する必要はないでしょう。FAO（Food
and Agriculture Organization、国際連合食糧農業機関）の統計に
よれば、2019 年の全世界の牛乳生産量は 715,922,506 トンと、膨大
な量です。あまりにも膨大でわかりにくいので、例え話をするとす
れば、この量は、オリンピックの競泳用プールに約 286,369 杯分で
す。これでも実感は湧きません。器をもっと大きくすると、驚くな
かれ、サロマ湖には及ばないものの、霞ヶ浦の貯水量よりも多い、
といえば、その膨大さがなんとなく感じられるでしょうか。

　国別の生産量をみると、1 位が米国（約 9900 万トン）、2 位がイ
ンド（約 9000 万トン）、3 位がブラジル（約 3600 万トン）である
のに対し、日本は 24 位（約 730 万トン）です。一方、2014 年の主
要国における牛乳類の 1 人当たり年間消費量（国際酪農連盟日本国
内委員会「世界の酪農情況 2015」）は、1 位がフィンランド（128.5
kg）、2 位がオーストラリア（110.5 kg）、3 位がイギリス（108.4 kg）、
日本は 24 位（30.8 kg）です。乳製品の代表格ともいえるチーズの

　1人当たり年間消費量については、1位がフランス（26.7 kg）、2位がフィンランド（25.6 kg）、3位がドイツ（24.6 kg）であるのに対し、日本はわずか2.2 kgです。牛乳や乳製品の生産量・消費量において、文字通り桁違いの差があるわけですが、これは、私自身が英国に暮らした経験からも実感としてうなずける数字です。

　私が数年前にイギリスのヨーク大学で勤務していた頃のこと。研究室の定例ミーティングでの議題になるほど、「ミルク当番」は重要な役目でした。これは、コーヒーや紅茶を飲む共有スペースの冷蔵庫に牛乳が十分に残っているかをチェックし、足りなければ買ってきて入れておくという係で、職員や学生が持ち回りで担当していました。イギリス人やヨーロッパの人びと（私の勤めていたBioArCh研究所はイギリス人が半分程度で、残りの大半がヨーロッパ系の人びとでした）は、コーヒーや紅茶にたくさんミルクを入れる人が多いのです。日本でよく見かけるような使い切りのコーヒーフレッシュとは、入れる量が全く違いますので、2リットルのボトル入り牛乳が数本、その冷蔵庫に常備されることになります。

　私は自分の係の番が回ってくる前の日から気を配っていました。いや、配っているつもりだった、というべきかもしれません。前日の退勤時に未開栓のボトルが1本、そしてもう1本の中身が半分ほど残っているのを確認し、明日の朝はミルクの買い出しは必要ないな、と安心して帰ったのでした。20人ほどの所帯ですので、日本人的な常識では十分な量があったのです。しかし、翌日の午前10時頃には、「Shinya〜! It's your turn〜! Milk〜!」と同僚がオフィスに駆け込んでくるに及び、思わずびっくり仰天。「え、もうなく

なったの！？」あわてて大学生協へと走ったのでした。

　日本におけるミルクの利用は、世界の他の地域と比べると、そうさかのぼるものではないと考えられています。16世紀に日本でキリスト教の布教に献身したルイス・フロイスは「われわれは乳製品、チーズ、バター、骨の髄などをよろこぶ。日本人はこれらのものをすべて忌み嫌う。彼らにとってはそれは悪臭がひどいのである。」と書き残しています。また、19世紀に初代米国大使として日本に暮らしたタウンゼント・ハリスにまつわる次のエピソードは、とても象徴的です。

　日本に赴任してからというもの、どうしても牛乳を飲みたかったハリスが、通訳の森山を通じて、下田奉行に牛乳を飲用に回すように申し入れます。それに対して森山は、「日本人は牛乳を一切飲まず、牛は農耕や運搬に使うために飼うだけで、別に増やしたりしない。乳は子牛に与えるものだから、牛乳を配給することは一切お断りします」と答えます。ハリスは、「それでは母牛を飼って、私のほうで乳をしぼるようにしましょう」と提案します。しかし森山は、「牛は農耕と運送のために住民が大切にしているものであって、他人に譲り渡すなど決していたしません」と答えます。必死のハリスは、牛がだめなら山羊はないのか、と問います。これに対する森山の答は、「一切これなく候」さらに食い下がってハリスは、「それならば香港から取り寄せて山に放し飼いしたいが、いかがか」森山の答は、「野山への放し飼いの儀は相成りがたく候」明治時代の日本に、いかに乳製品を食べたり酪農に従事したりする習慣がなかったかが、よくわかるエピソードといえるでしょう。

　しかし、明治時代に乳製品の文化が低調であったからといって、日本の先史・歴史の全時代を通じて乳製品が利用されなかったとはいい切れません。この本でも紹介するように、奈良時代の遺跡から出土する木簡や墨書土器、そして『延喜式』をはじめとする平安時代の書物には、「蘇」を代表とする、牛乳を材料にした製品が登場します。したがって過去の日本に、乳製品の文化が存在したことは確かです。ただ、文字に書かれた乳製品の証拠となると、きわめて限られていて断片的なことしかわからないことも、また確かなのです。

　文字のない時代や、文字のある時代でも文字に書かれなかったことを研究するのは、考古学が得意とするところです。そこで本書では、広く海外に視野を広げ、ミルクや乳製品について、考古学でどのような研究がなされてきたのかを振り返ります。

　実は考古学の世界では、最近十数年で革命的とも呼べる新しい動きが登場しています。この動きとは、この本の中で「目に見える」ものの考古学から「目に見えない」ものの考古学へ、と仮に呼んだもので、ミルクの研究はこの革命の象徴的な事例ともいえます。

　つまり、遺跡からミルクや乳製品がそのまま出土する確率は限りなく低いので（ただし、本書でふれるように、イギリスやアイルランドで稀に発見されるボグ・バターなどの例外的な事例はありますが）、目に見えるものだけを対象としたやり方では、過去の乳製品の研究にはおのずと限界がありました。ところが、顕微鏡でも見ることのできないミクロレベルの生体分子を対象とした新しい考古学の研究法「考古生化学」の登場で、かなり具体的に過去の乳製品利

用について議論することが可能になったのです。

　本書では、この新しい考古生化学的手法について、できるだけ専門的になりすぎないように注意しながら、興味をそそる研究事例を紹介していきます。この分野はまさに日進月歩であり、ほとんどの成果は英文で書かれた国際誌上で議論されています。したがって日本ではあまり知られていない内容が盛りだくさんです。

　さあ、新しいミルクの考古学研究の旅へ、ご一緒にいかがですか？

目　次

ミルクの考古学

第1章　わたしたちとミルク

1　ミルク（乳）とは

　今ここで、ミルク（乳）とは何かについて読者の皆さんに一から説明することは明らかに不要でしょう。しかし、『ミルクの考古学』のお話を始めるにあたって、あえてまわりくどくミルク（乳）の定義をしておくとするならば、「雌の哺乳動物が分娩後に乳腺から分泌する、子を養うための液体」とでもいっておきましょうか。地球上には野生の哺乳動物が約 5,000 種いるといわれていますが、このうち家畜としてヒトに利用されるようになったのは約 20 種程度とごく一部で、その中でも乳を利用する種ということになると、さらに限定されます。

　その主なものとしては、ウシ（学名 *Bos taurus, Bos indicus*）、スイギュウ（*Bubalus bubalis*）、ヤク（*Bos grunniens*）、ラクダ（*Camelus bactrianus, Camelus dromedarius*）、ウ マ（*Equus ferus caballus*）、ヒツジ（*Ovis aries*）、ヤギ（*Capra hircus*）、トナカイ（*Rangifer tarandus*）、などがあげられます。人間がすべての哺乳類の家畜の乳を利用しているかというと、そういうわけではありま

せん。例えば、ウシやヒツジなどと同じくらい、あるいはより古くから家畜として利用されてきたイヌやブタのミルクは、ヒトには利用されていません。

　上にあげた動物以外の稀な例としては、ロバ（*Equus asinus*）の乳が利用されていたことが、紀元前3000年頃のエジプト第一王朝や、19世紀のフランスの事例でわかっています。また、中東に栄えたアッバース朝においては、8〜9世紀にガゼル（*Gazella*）の乳やバターが飲食されていたという記録がみられます。これらから、奇蹄類に分類されるウマとロバを除くと、搾乳の対象とされているのは偶蹄類の反芻動物であるといえます。反芻とは、いったん胃に入った内容物を吐き戻して再び咀嚼することを意味します。この反芻によって、非反芻動物にとっては消化が難しい植物の葉などの消化・吸収も可能になるのです。人間にとってみれば、自分たちが消化できない植物資源を消化し、栄養満点のミルクを提供してくれるという、なんともウマい話といえるでしょう。

　そういったわけで人類は、離乳期までの赤ん坊のための食料だったはずのミルクを、人生のより長い期間にわたって利用することを太古の昔に始めました。しかもそれは、ヒト自身の乳ではなく、本来他の動物の子供に与えられるべきものを、横取りしたものです。その歴史には1万年近い積み重ねがあるだけに、人間が乳を利用する家畜動物の種類と方法は、地域によってさまざまな姿を見せています。

　さて、ひとことでミルクといっても、それぞれの乳の栄養価には違いがあります（図1-1）。例えば、ヒトの乳は他の動物に比べタ

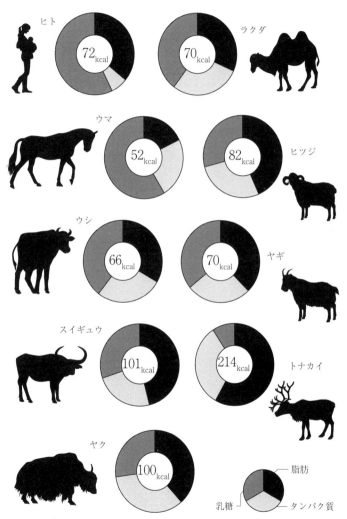

図1-1　哺乳動物の違いによるミルクの成分の違い（平田昌弘 2013『ユーラシア乳文化論』岩波書店 p. 50 のデータを参照して作成）

ンパク質の比率がきわめて少ない一方、乳糖の比率が高い点ではウマの乳と共通します。ラクダ、ヤギ、ウシ、ヤクは乳糖・脂肪・タンパク質を比較的バランス良く含むのに対し、ヒツジやスイギュウでは脂肪がやや多く、トナカイにおいては脂肪が圧倒的に多い様子がわかります。こうした栄養価の違いは、図に示した単位量あたりのカロリーの違いはもちろんのこと、例えばウマの乳は他のものに比べて糖分が高いためにアルコール発酵に適しているなど、その利用方法の違いにもつながります。

　現在の地球上で圧倒的に利用されているのは、泌乳量の多いウシのミルク、すなわち牛乳ですが、その他の動物のミルクも世界各地で利用されています。例えば西部インドでは、牛乳を直接飲用として消費するのに対して、スイギュウのミルクを乳製品加工に用いています。ブータンの高地では役畜としても重宝されているヤクのミルクが、飲用にされたり、バターやチーズなどに加工して食用にされたりしています。一方モンゴルではウマのミルクを発酵させた馬乳酒（アイラグ、ツェゲーなどと呼ばれる）が有名ですが、実はモンゴルは世界でも稀にみる多様な乳製品文化を発達させた国で、7種類もの動物のミルクからバラエティに富む乳製品を作り出しています。

　転じて、中東やアフリカの砂漠地帯においては、ラクダのミルクはまさに主たる食料源です。アラブ世界において、ラクダとヒツジ・ヤギでは乳量も泌乳期間もラクダの方が圧倒的に優っているため、前者を主に生乳に、後者を加工品に使用するといった使い分けがあったといいます。そうかと思うと、永久凍土の広がるシベリアや

北欧の北部では、トナカイのミルクを利用する文化がみられます。寒冷地の動物とあって、トナカイの乳は高カロリー、高脂肪ですが、搾乳できる量はきわめて少ないという特徴があります。

　このように、世界各地で多様なミルクが利用されていますが、どんなミルクでも、しぼったままの生乳は傷みやすいので、比較的短時間で消費する必要があるという点では共通しています。したがって、ミルクを食品として貯蔵しておくためには、どうしても長持ちさせるための加工をしなくてはなりません。こうした事情から、世界各地で、ミルクを加工して実に多様な乳製品が考案されてきました。読者のみなさんが乳製品といって真っ先に思いつくのは、チーズかもしれません。我が国で本格的なチーズの生産が始まるのは明治時代の始め頃で、世界の中でもかなり遅い方ですが、最近は日本でも、スイギュウの乳で作ったモッツァレラチーズや、ヤギの乳でつくったシェーブルチーズ、ヒツジの乳で作ったフランスのロックフォールやイタリアのペコリーノなどが、親しまれるようになってきました。あるいは、モンゴルのアイラグにヒントを得た非欧米系の乳飲料として日本で開発されたカルピスは、今や夏のお中元の代表格として国民的規模で親しまれています。

　ただし、世界のすべての地域でミルクや乳製品がさかんに消費されているわけではありません。新大陸においては、いわゆる「コロンブスの交換」(1) 以前には、哺乳動物がヒトの身近に存在していたにもかかわらず、そのミルクの利用は行われていませんでした。この地では、旧大陸のラクダと祖先を同じくするリャマやアルパカといった哺乳動物を家畜として飼育していましたが、その乳を利用す

ることはなかったようです。その理由が環境によるものなのか、リャマやアルパカの生物学的な性質によるものなのかは、よくわかっていません。

　また、東南アジアやオセアニアではウシやスイギュウが主たる家畜ですが、これらの家畜に対しては西アジアを中心にみられる放牧飼養のような形態がとられなかったため、搾乳が行われなかったといわれています。乾燥地を移動する遊牧の場合とは異なり、定着した農耕地の付近の豊富な草を与えてウシやスイギュウを少数飼育する形態からは、搾乳の文化は生まれてこなかったようです。

2　日本の歴史ではマイナーな存在だったミルク

　さて、地球上にはミルクを利用する地域と利用しない地域があるというお話をしましたが、我が国は歴史的にはどちらに当たるのでしょうか。「はじめに」で紹介したように、ミルクは、日本の歴史においては、長い間きわめてマイナーな存在でした。断片的な記録を探るならば、平安時代に編纂された『新撰 姓 氏録』に牛乳に関する記録があります。これによると、孝徳天皇（645-654）の時代に、百済からの帰化人の智聡の子である福常が牛乳をしぼって天皇に献上したところ、大変喜ばれて「和薬使主」という姓と「乳長上」という世襲の職を賜ったというのです。当時としては、牛乳は食品としてよりも、その薬効が重視されていたことがうかがえます。

　余談にはなりますが、こうして任命された世襲の職であった「乳長上」の職位は、終身の職であるがゆえの怠惰を理由に、弘仁11

年（820）には6年の任期制に変更されます。これに前後して、職名も「乳長上」から「乳師」に変わっています。つまり、親の七光りで与えられた職位に甘んじて真面目に仕事をしなかったせいで、懲戒を受けたような形に見受けられます。いつの時代も、人間は楽な方に流されてしまうようです。

　それはともかく、土の中に眠っていた文字記録である奈良時代の遺跡から見つかった木簡（その情報の豊富さから、「地下の正倉院」との呼び名もあるほどです）にも、「牛乳」の文字がみられます。例えば、私の勤務する国立文化財機構奈良文化財研究所が発掘調査を行った、奈良市の長屋王邸宅跡から出土した木簡（図1-2-2）には、以下のように書かれたものがあります。

〈表面〉「牛乳持参人米七合五勺受丙万呂九月十五日」
〈裏面〉「〇大嶋書吏〇」（〇は空白を示す）

　専門家の観察所見によると、この木簡は、勤務管理・評定に利用される木札の側面に孔をあけたものを何度も削って使用し、さらに伝票用に再利用したものだそうです。書かれている内容は、長屋王邸に牛乳を運んできた人に対して米を支給した際の伝票で、被支給者、品目、数量、受取人、日付、支出責任者の名がみられます。また別の木簡（図1-2-1）には、次のように書かれています。

〈表面〉「牛乳煎人一口米七合五勺受稲万呂」
〈裏面〉「〇十月四日大嶋」

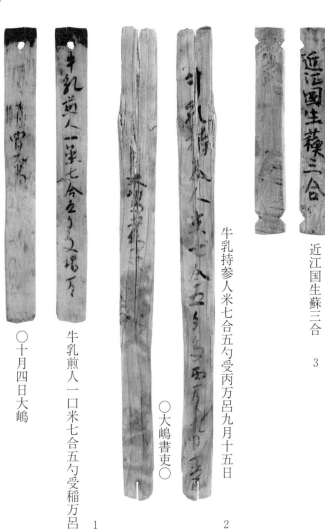

○十月四日大嶋

牛乳煎人一口米七合五勺受稲万呂　1

○大嶋書吏○

牛乳持参人米七合五勺受丙万呂九月十五日　2

近江国生蘇三合　3

図1-2　木簡に書かれた乳と乳製品（奈良文化財研究所提供）

　この木簡も、牛乳の代価として米を支給した内容を先ほどの木簡と同様の順序で記録しています。牛乳を煎った人物が、同じく七合五勺の米を支給されています。「煎った」という表現については、後述するような、牛乳を煮詰めてつくる「蘇」を意味しているという説と、唐代に書かれた『本草拾遺』にある記事を根拠に、牛乳を飲用するために沸騰による熱気消毒を行ったとする説があります。

　生乳の加工品、すなわち乳製品については、木簡や墨書土器に書かれた「蘇」が注目されています。蘇は、平安時代の書物『延喜式』の民部式貢蘇番条に「作蘇之法。乳大一斗煎。得蘇一大升。」と書かれていることから、牛乳を1割程度のかさになるまで煮詰めて作った、古代のキャラメルのような食品だと考えられています。「蘇」の文字が書かれた木簡については、以下に示すように日本の各地で出土例が知られており、近江（滋賀県）、美濃（岐阜県）、上総（千葉県）、武蔵（東京都・埼玉県・神奈川県）、参河（愛知県）の各国の名が見えます。これらの物的証拠から、奈良時代においてすでに、全国各地で蘇が生産され、都に貢納されていたことがわかります。

- 「近江国生蘇三合」（平城宮内裏北方官衙地区から出土）
  （図1-2-3）
- 「美濃国蘇」（平城京左京三条二坊八坪二条大路濠状遺構（南）から出土）
- 「上総国精蘇」（平城京左京三条二坊八坪二条大路濠状遺構（南）から出土）

●「武蔵国進上蘇」（平城京左京三条二坊八坪二条大路濠状遺構
（南）から出土）
　※裏面には「天平七年十一月」とあり、天平七年は735年。
●「参河国貢蘇」（異体字「蘓」、平城京左京三条二坊八坪二条大
路濠状遺構（南）から出土）

　木簡に書かれた文字の内容に加えて、荷札として使われたこれら
の「蘇」木簡のサイズがみな10cm未満と小さいことから、もと
もとこれらが付けられていたもの自体、すなわち蘇が入れられてい
た容器も、小型ではなかったかと推定されています。
　以上から、奈良時代にはすでに各地から都に蘇が運ばれてきてい
ることがわかります。続く平安時代には、先ほども紹介した『延喜
式』の民部式貢蘇番条に、蘇の貢進国が五十七に上り、それらが一
番から六番に分けられて、6年ごとに貢進を行っていたことが書か
れています。蘇の生産が奈良時代よりも大規模化している様子がう
かがえます。ただし実際には、期日までに貢進できなかったり、質
の粗悪な蘇を貢進していたりするケースがあったことが、さまざま
な文献の内容から推測されていますので、書かれていることと実態
とをそのまま結び付けることには慎重でなくてはなりません。
　一方、蘇を貢進していなかった河内国などでは、典薬寮という宮
内省の機関が運営する乳牛の牧や乳牛戸が設置されていたことか
ら、上に述べた貢進とは別の経路で生乳や乳製品をその都度都に納
めていたことが推定されています。平安時代になると、乳牛院と呼
ばれる機関が新たに設置され、毎日生乳を宮中に供御しており、摂

津国に存在した味原牧をその供給源としていたことが知られています。以上のように、奈良・平安時代の日本では、搾乳や乳製品の生産がある程度は行われていたようです。

　なお、おとなりの韓国では、1270〜80年代に編纂された『三国遺事』に、竜が牛を飼う人になって王に乳酪を献上したという記事があり、これが朝鮮半島におけるミルクに関する記述の初出であるといいます。ですから、むしろ、日本に残されていた百済からの帰化人の記事が、より古い記録であるといえるでしょう。

　余談ですが、「蘇」は、歴史上の人物ともゆかりが深く、文書にたびたび登場します。例えば藤原道長が、丹薬を服用せずに、「蘇蜜煎」を薬用に用いたこと、鑑真が経典とともに「牛蘇一百八十斤」を所持していたこと、最澄が空海に蘇一壺を贈ったこと、などのエピソードが伝わっています。いずれのエピソードからも、蘇が大変貴重な品であったことが、改めて確認されます。

3　近現代の日本とミルク

　これまでみてきたように、細々とではありますが、平安時代までは日本でのミルクの利用の軌跡をなんとかたどることができます。しかしその後、このような記録の類はすっかり姿を消します。次に明らかになるのは、数百年後の江戸時代の亨保年間（1716-36）、八代将軍吉宗が安房国嶺岡（現在の千葉県房総市）に牧場を開設したという記録です。そこでは「白牛酪」と呼ばれる、牛乳を煮固めた乳製品が製造されました。白牛酪もまた医薬品で、これを削ってお

茶に入れて飲んだといいます。しかし、吉宗の時代の民衆たちがミルクを消費したかどうかは、定かではありません。

このような、薬用としての希少性が強調されていた乳製品の性格は、明治時代になると変化を見せはじめます。肉食を推奨する雰囲気とともに、牛乳や乳製品も文明開化の一つの象徴とされたためです。明治時代の牛乳の売り文句に、「牛乳の効能は、〈中略〉、ただに病にもちうるのみならず、西洋諸国にては平日の食料に牛乳を飲むはもちろん、乾酪（チーズ）、乳油（バター）などをもちうること、わが国の松魚（かつお）節に異ならず」としています。この時点から、それまで薬効が強調され続けてきた牛乳について、その食品としての位置づけが強化されていくことになります。

近代の搾乳業は明治維新直前の文久３年(1863)に横浜で開かれ、明治政府も積極的に牛乳消費を呼びかけるキャンペーンを張ります。福澤諭吉『肉食之説』(1870)、近藤芳樹『牛乳考』(1872)などは、この頃に書かれた啓蒙書です。また、牛乳やバター、チーズなどの食品としての効能が書かれた西洋の育児書、家事書、医学書、薬学書、農書などが次々と日本語に翻訳されていきました。

19世紀の末頃は、家庭における乳利用が推奨され、特に乳児の離乳食としての役割が期待されたようです。櫻井郁治郎閲・矢守貫一編『育児の種』(1883)には、「煉稠乳（ねりちち）」と翻訳されたコンデンスミルクの使用法に加えて、蕎麦屋で蕎麦湯を供するのに使われる器のような形の「吸飲」、ゴムチューブ付きガラスびん「乳吸壺」・「乳の壺」などの、現代の哺乳瓶にあたる器具も紹介されています。母乳の代用品として牛乳がすすめられたのです。また、

病人むけの飲料としての役割も健在で、ソップ（肉などを煮だした
スープ）とともに牛乳が配達されていたことが、19 世紀末の記録
に残っています。

　20 世紀に入っても、牛乳はひきつづき病人や健康維持のための
食品として貴重なものであったようですが、戦後にこの状況が大き
く変わります。1946 年の文部省の通達により学校給食が開始され
ることになりますが、その翌年に、GHQ（連合国軍最高司令官総
司令部）とアジア救援公認団体によって、ユニセフからの提供など
も受けながら、全国の児童に対するパンと脱脂粉乳の提供が行われ
るようになったのです。脱脂粉乳でない牛乳や乳製品の供給が始
まったのは 1957 年のことですが、その後も脱脂粉乳の提供はしば
らく続きました。なお、給食でミルクが出されることで子供たちの
世代がまず乳への抵抗感をなくし、徐々に社会全体に普及が進んで
いくというパターンは、現代の東南アジアでも似た状況が起きてい
るそうです。

　ミルクの普及に給食が重要な役割を果たしたのは確かですが、そ
れ以外にも、例えば洋菓子の製造や和菓子の新材料としてのミルク
の導入なども、日本の食文化への乳の普及に一役買ったようです。
ミルクセーキやアイスクリーム、キャラメル、ビスケットなどが好
例といえるでしょう。改めて考えると、今日でも、和菓子の中には
バターが使われているものが意外に多いことに気づかされることか
と思います。口に含んだ時にゆっくりと広がるバターのふくよかな
味と香りは、食べる人の幸福感を呼び起こします。

　このようにみてくると、日本ではミルクといえば牛乳のことを指

すのが当然と感じる向きもあるかもしれません。しかし実は、日本
でもヤギの乳が 19 世紀から 20 世紀の前半には確かに搾乳され、飲
用されていた記録があります。その後乳用牛が増加して牛乳産業の
振興が進むにつれ、次第に衰退したようですが、現在でも国内でヤ
ギの乳を絞り、乳製品に加工している生産者の方々が、少数ですが
活躍されています。ヤギの乳で作られたチーズは、牛乳のチーズと
は違った独特の風味をもっていて、私もその虜になった人間の一人
です。

4　旧大陸における東西の食の伝統の違い

　さて、ここでふたたび、視点を海外に向けましょう。第 2 章で詳
しく述べるように、ユーラシア大陸の西側では、非常に古くからミ
ルクの利用がさかんでした。かつて、民族学者の石毛直道は、15
世紀頃の旧大陸における乳利用を地図で表しました。それを見ると、
ユーラシア大陸の西部と中央部には広く乳搾りの文化が広がった様
子がわかりますが、それでもサハラ砂漠以南のアフリカや、東南ア
ジア大陸部および島しょ部、そしてオセアニアの熱帯林が卓越する
環境においては、牧畜や乳利用の文化が広まらなかったようです。
また、イネや雑穀（アワ・キビ・ヒエなど）食を特徴とする日本を
含めた東北アジア地域も、やはり乳利用の文化圏の外に位置するこ
とになります。
　興味深いことに、乳搾りの文化圏は、やはり石毛が提示した、魚
醤（ナンプラーやニョックマムなど）や穀醤（醤油や味噌など）を

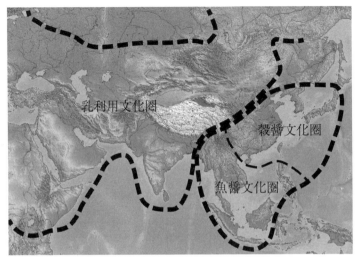

図1-3　ユーラシア大陸における乳利用文化圏・穀醤文化圏・魚醤文化圏
の分布（Shoda, S. 2021 Seeking Prehistoric Fermented Food in Japan
and Korea. *Current Anthropology*, 62： S 24, Figure 2 を加工転載）

特徴とする東アジア・東南アジア地域の「うまみ文化圏」と、見事
に排他的に分布しています（図1-3）。この地図は、単に哺乳動物
のミルクを摂取・利用する風習が存在するかしないかだけを示して
いるのではなく、異なる自然環境や文化伝統を背景とする料理の嗜
好性や調味料の種類・使用法にも関わる、食事慣習の大きな違いを
見事に表したものといえるでしょう。その意味で明治時代にチーズ
やバターを紹介する時に、カツオ節の例がひきあいに出されたこと
は象徴的です。

　ここで注目されるのは、乳搾り文化圏とうまみ文化圏の境界をは
さんで隣接する大陸部東南アジアとインドでは、同じ水稲作を行っ

ている地域同士でも、その東側では魚醤のような塩味とうま味をも
つ発酵食品を多く使用するのに対し、西側ではさまざまな乳製品と
油脂・スパイスを使用する調理法が発達している、という違いです。
石毛は、バターのような重厚な動物性の脂肪のこってりした味や刺
激的なスパイスを多用する食生活では、微妙なうま味はあまり重視
されないのだ、としています。それより北の東アジア地域では、大
豆を主な原料とした穀醤が発達しています。たいへん興味深いこと
に、乳利用文化圏とうまみ文化圏との境界線は、東アジアの夏季モ
ンスーンによる降雨が及ぶエリアの西の限界ともほぼ一致するの
で、自然環境の違いが食文化伝統の違いを生み出した一因であるこ
とは間違いなさそうです。

　もっとも、ユーラシア大陸の西側にも魚に由来するうま味を嗜好
する文化が存在することは確かです。古代ローマ帝国においては、
カタクチイワシを塩漬けにして発酵させたガルム（Garum）とい
う魚醤が地中海を中心としてきわめて広範囲に取引されていました
し、現代のイギリスのパブなどでテーブルに置かれているのを見か
けるウスターシャーソース（Worcestershire sauce）もカタクチイ
ワシの魚醤です。そうすると、この東西の違いは絶対的なものとは
いえないかもしれません。ここでは、上にみてきたような東西の味
覚・調理伝統に大きな違いがあることを認めつつも、ただし何事に
も例外はつきもの、という風に考えておきましょう。

　以上からもわかる通り、ミルク利用の伝統が長い地域は、ユーラ
シア大陸の西側です。この本の第2章以降で扱うのが、わが国では
なく大陸の反対側の話が中心になるのは、このためです。親しみの

ない地域の話が続くかもしれませんが、外国旅行に出かけたつもりで読み進めていただければ幸いです。

5　ミルク・パラドックス

　さて、ここまでは、ヒトがミルクをさまざまに利用し、摂取してきたお話をしてきましたが、この前提となるとても大事なお話を、実はまだしていないのです。驚かれるかもしれませんが、地球上に生きてきた、あるいは現在生きている多くのヒトにとって、乳児の時期を過ぎてしまうと、ミルクはそのまま消化することのできない、とても厄介な飲み物になります。これは、この章の冒頭で述べたように、ミルクそのものの本来の役目が、「子を養うための液体」であるという性格を考えれば、乳児だけが消化できるというのは、自然の摂理にはかなっているのかもしれません。

　乳糖不耐症（ラクトース不耐）という言葉をご存知でしょうか。哺乳動物のミルクにしか存在しない乳糖は、化学的にはグルコースとガラクトースが結合した複糖類なので、これを分解して単糖類に変換しないと、ヒトには消化ができません。現在地球上に生きる多くのヒトの場合、乳児期を過ぎると、この変換のための酵素であるラクターゼが体内で分泌されなくなるため、多量の生乳を飲むとお腹を壊してしまいます。現代の地球上の人間の実に9割程度がこの乳糖不耐症をもっているわけですが、それにもかかわらず、その多くがミルクの積極的な消費者です。なぜ、このような不思議な現象が起こっているのでしょうか。この謎は、「ミルク・パラドックス」

などとも呼ばれ、世界中の多くの学者が解明に取り組んでいます。

　1965年のノーベル医学生理学賞を受賞した、フランスの微生物学者フランソア・ジャコブとジャック・モノー、アンドレ・ルオッフの3人は、大腸菌の β-ガラクトシダーゼ誘導のメカニズムを遺伝子レベルで解明しました。これによれば、ラクトースの有無によって β-ガラクトシダーゼ（二糖である乳糖を単糖類成分のブドウ糖とガラクトースに分解する酵素）の合成が左右されるというのです。つまり、牛乳の継続的飲用によって、腸内細菌がラクトース分解酵素を生じるようになるので、ラクトース不耐者にも比較的高い牛乳受容性が得られるようになる可能性が考えられることになります。簡単にいえば、継続して牛乳を摂取していれば、それだけ飲める量も増えるということです。また、オリゴ糖の一種アロラクトースには、β-ガラクトシダーゼ合成を進行させる作用があるので、ヨーグルトなどの発酵乳が生乳よりも受容されやすい理由は、乳糖の減少以外にも、アロラクトースの合成による作用である可能性もあります。つまり、発酵乳を多く消費することが、乳製品のみならず生乳の消化を助ける可能性がある、ということです。

　このように、ミルクは加工することによってより摂取が容易になるだけでなく、貯蔵がきくようになって消費期限をのばすことができます。したがって、ミルクと人との関わりを探っていくためには、ヒトの生物学的な側面だけでなく、それを加工する技術や道具を長い時間にわたって追いかける必要があります。こういった問題を取り扱うのは、人類の過去を長い時間にわたって追跡する考古学の得意分野といえます。ミルクについては、わかっているようでわかっ

ていないことが非常にたくさんあります。こうした疑問の中には、過去にさかのぼって乳利用の歴史を明らかにすることで解決のヒントが掴めるものも多くあるでしょう。その中でも代表格といえるミルク・パラドックスを解く鍵は、考古学にある、といってもいい過ぎではないでしょう。

　そこで、この本では、題目の通り、考古学を通じてミルクの過去に新しい明かりを照らしていきますが、本題に入る前に、この本であつかう「考古学」の方法について、紹介しておくことにします。それは、読者のみなさんに親しみのある考古学のイメージと、この本で紹介するさまざまな研究事例での考古学のイメージが、かならずしも一致しないかもしれないからです。

6　「目に見える」ものの考古学と「目に見えない」ものの考古学

　私は大学・大学院時代に考古学を専攻しましたが、先生方や先輩方からは、遺物をとにかくたくさん見ることが大切だ、「モノを見ろ」、と教わりました。それは、実物にもとづかない議論をあれこれしても、それはまさに「机上の空論」で無意味だという意図だと理解していますが、確かにそれはその通りだと思います。また、遺物を観察するだけでなく、その形態的な特徴を計測したり図化したりして比較することによって、実にさまざまなことがわかることも事実です。このようなアプローチの方法を、ここでは「目に見えるものの考古学」と呼んでおきましょう。

　しかし、ヒトの目で見ていただけではわからないこともたくさん
あります。たとえば、遺跡から出土するさまざまな植物の残骸の細
かな種（しゅ）は、肉眼ではなく顕微鏡で細かな部位を観察して、かつ候補
となるさまざまな植物の標本と比べることで初めて、どのような種
なのかを同定する手がかりを得ることができる場合が多くありま
す。また、動物の骨の細かな傷がどのような加工によって生じたも
のなのかを検討することも、顕微鏡を用いた詳細な観察によってこ
そ可能になります。

　さらに、顕微鏡でも見ることのできないミクロの世界についても、
さまざまな質量分析法（マススペクトロメトリー）を可能とする質
量分析計の発達によって、目に見えない有機物の実態を可視的に把
握することが可能になってきています。質量分析法とは、物質を原
子・分子レベルのイオン（電気を帯びた原子または原子の集まり）
にし、その質量数を測定することにより、物質を同定したり定量し
たりする方法のことです。物質を構成する原子・分子を直接イオン
化して測定するため、高感度な測定と物質の同定が可能であるのが
特徴です。

　第3章で紹介するパレオプロテオミクス（古タンパク質分析）に
おいても、質量分析法の貢献は絶大なものがありました。出土化石
骨からアミノ酸のプロファイルが初めて検出されたのは1954年に
さかのぼりますが、本格的な研究は、2000年のソフトイオン化質
量分析装置の登場を待たなければなりませんでした。当初は単一の
タンパク質を標的としてその同定と配列の決定に研究が限られてい
ましたが、最近の高分解能の装置の登場によって、プロテオミクス、

つまり生物の組織や細胞に含まれるタンパク質全体を網羅的に解析することが可能になっています。タンパク質は DNA よりも 10 倍ほど、その鎖状の構造の分解に時間がかかるとされているため、DNA が残っていない有機物の遺体についても、タンパク質から、その生体の由来を知ることが期待されています。

　また、DNA やタンパク質よりもさらに遺存する可能性が高い脂質についても、質量分析計はその威力をいかんなく発揮しています。未知の化合物の集合体を分離して、それぞれを個別に同定するだけなく、さらにその化合物の安定同位体比を測定するなどの高度な技術が、過去の食生活や調理行動の復元に大きな力を発揮していることはその好例ですが、それについては第 3 章で紹介することにしましょう。この本では、こういったミクロの世界の物質を対象とする考古学を、「目に見えないものの考古学」と呼んでおきます。

　すでにお気づきのように、このようなアプローチの方法は、いわゆる「理系」の分野、ということになります。日本では、考古学はほぼ例外なく文系、特に歴史系の学科の枠組みで教育・研究が進められています。アメリカで考古学（Archaeology）が人類学（Anthropology）の一部として位置づけられているのとは対照的です。また、イギリスにおいて考古科学（Archaeological Science）が考古学教育の中の大きな比率を占めているのとも、やはり対照的です。ここではその良し悪しについて述べようとは思いませんが、人類の過去を明らかにするために、多様な学問分野の方法や考え方が必要とされる、ということは間違いのない事実でしょう。この本では、文系や理系といった枠組みからいったん離れて、さまざまな学問分野の

考え方や方法によって、過去の人類によるミルクの利用がどのよう
に明らかにされてきたのかを、みていきます。

註

（1）アメリカの歴史学者アルフレッド・クロスビーによって提唱された
用語。クリストファー・コロンブスが 1492 年に新大陸に到達したこ
とによって引き起こされた、それまで著しく異なる生物相をもってい
た東半球と西半球の間での病原菌やヒトを含む動植物の交換・均
質化を指す。

第2章　遺物研究が明らかにした
ミルク利用の歴史

1　考古学でミルクをどう研究するのか

　「はじめに」でも触れた通り、遺跡の発掘現場で動物の乳やそれを加工したものが直接見つかることは、ほとんどありません。乳や乳製品は、通常の環境ではきわめて短い時間のうちに腐ってしまい、分解されてしまうからです。しかし、ほとんど、と書いたのは、驚くべき例外があるからです。実はアイルランドでは、500例近い「ボグ（沼地）・バター（Bog Butter）」の出土例が知られています。「なんだ、500もあるではないか」と思われるかもしれませんが、世界中に星の数ほど存在する遺跡の数を考えれば、事実上はほとんどゼロに近い数といえるでしょう。

　ボグ・バターというのは、文字通り、沼地などの湿地に埋まっていたバターの塊のことです。スモーキーフレーバーのウイスキーの例にみられるように、アイルランドでは、ピート（泥炭）を燃料などに利用します。その採取のために地面を掘る際に、偶然にボグ・バターが見つかることがあるのです。そして、見つかったものの状態が良いと、「バターの匂いがする」ケースもあるといいます。

　ボグ・バターが見つかったという記録は意外に古くからあり、1892 年に発行された『アイルランド王立古代学会誌(Journal of the Royal Society of Antiquaries of Ireland)』には、ジェームズ・オラヴァティ（James O'Laverty）牧師が、「（この物体を）現在の形に押し固めた古代の女性の手と指の跡が残っている」「味はチーズに似ている」という塊を見つけた、と書いています。味見をしたという勇気に感服です。ボグ・バターの大きさはさまざまで、塊のまま見つかったり、土器や木製の容器（図2-1）に入っていたり、あるいは動物の皮や樹皮に包まれた状態で見つかったりします。最大級のものでは、100 ポンド（およそ 45 kg）のボグ・バターの発見例もあります。

　バターが沼地に埋められた理由は、よくわかっていません。神への捧げ物だったという説もありますが、保存方法の一つであった可能性も十分にあります。というのも、ボグ・バターの多くは塩を含んでいません。塩は、現代のように冷蔵保存技術が普及する前は、食品の保存手段としてよく使われていました。しかし、本来冷水性の沼地であるボグと、そこに自生するピートが、食品の鮮度を保つのに優れた働きをしているため、塩を用いなくても保存することができた可能性があります。1995 年にミシガン大学のサリー・ポボジェウスキ（Sally Pobojewski）が、沼地に 2 年間放置した肉が冷凍庫で保存した肉と同じように保存されていると報告していることは、この推定を助けます。

　こうした奇跡のような、過去におけるミルクの証拠であるボグ・バターですが、その地理的分布は西北ヨーロッパに限られており、

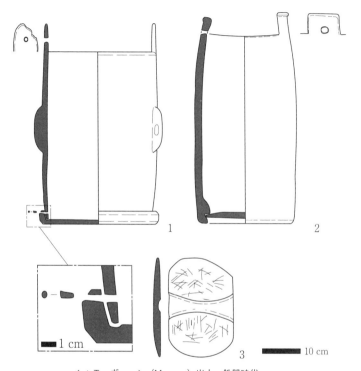

1：モーヴァーン（Morvern）出土、鉄器時代
2・3：ロスモイラン（Rosmoylan）出土、鉄器時代

図2-1　アイルランドの遺跡からボグ・バターが入っている状態で見つかった木製容器（1、2）とその蓋（3）。3は出土状況から2の蓋として使われていたと見られるが、桶の口縁部にきちんと収まらないため、転用された蓋と考えられている。(Earwood, C. 1997 Bog Butter : A Two Thousand Year History. *The Journal of Irish Archaeology*, 8, Fig. 3 および Fig. 4 を再トレース)

時代的にも鉄器時代（紀元前3〜4世紀頃）から中世（13世紀頃）
と、人類がミルクを利用し始めるようになったと考えられている時
代よりも、はるかに新しい時期のものしか存在していません。では、
ボグ・バターが出現するよりも以前の、遠い過去の乳の利用につい
て、あるいはボグ・バターが見つからない地域における乳の利用に
ついて、考古学ではどのように研究することができるのでしょう
か。

　考古学は、遺跡に残された物質的な証拠をもとに、過去における
人間の営みについて研究する学問です。例えば、遺跡の中で石のか
けらが散らばっている場所が見つかり、そのかけらをパズルのよう
にくっつけて元の石が復元できたとしたら、そのことから、そこで
石器作りが行われていたことがわかります。あるいは、石で囲まれ
た焼土の中に炭が混じっていて、そこに焼けた骨や植物の種が残っ
ていたとしたら、そこでヒトが暖をとったり料理をしていたりした
ということがわかります。つまり、遺構や遺物のような具体的な物
証があればヒトの行動について議論ができますが、逆にそういった
物的証拠がないと、なかなか議論が進みません。

　困ったことに、搾乳などミルクに直接関わる営みはもちろん、牧
畜そのものについても、それと特定できるような道具は、きわめて
少ないのです。例えば、放牧をする際に用いる道具としては、投石
具や追い込みのための柵、屠殺や去勢のための刃物、搾乳容器や乳
製品を加工するための皮袋などが考えられます。しかし、これらの
うち皮袋以外のものは、狩猟採集をはじめとする他の生業形態にお
いても使用される可能性が高いものですし、皮袋についても、有機

質の遺物であるために通常は埋没中に腐ってしまい、遺跡に残されていることは稀です。

　こうした厳しい条件の中で考古学者がとった戦略の一つは、搾乳の対象となりうる家畜化された動物そのものを調べる、という方法でした。もちろん、生きた動物が遺跡から見つかるわけではありませんので、遺跡から出土した、バラバラになった動物の骨や歯が研究の重要な対象となります。

　現在、ミルクの考古学的研究の先進地域は、イギリスやヨーロッパです。これは、この地域に大学などの研究機関が多いという理由だけでなく、この地域の新石器時代をはじめとする先史時代の生業を考える上で、家畜やその乳の問題がきわめて重要であるからです。「新石器革命」「都市革命」などの概念の提唱者として有名なゴードン・チャイルド（Vere Gordon Childe、図2-2）は、「新石器パッケージ」の一要素として、穀物・土器・磨製石器・住居・記念物などとともに、ウシやヒツジなどの家畜動物を重要視しました。これらの動物は、中近東において野生種が家畜化されたものが、アナトリアを経由してヨーロッパへともたらされたものであるということが、それまでの研究で明らかにされていました。

　現代でも搾乳の対象となっているウシやヒツジ、ヤギなどが遺跡から見つかれば、それはヒトによってその乳が利用されていたことを暗示することは確かです。しかし、実際にこれらの乳が利用されたかどうかを検証するには、家畜動物の骨が出土したというだけでは、論拠が不足していると言わざるを得ません。この章では、こうした乳製品についての議論の難しさを、考古学者たちがどのように

図2-2 ゴードン・チャイルド（左）とアンドリュー・シェラット（右）
（左：PDM 1.0、右：CC：BY–SA 3.0 @Clare Sheratt）

克服しようとしたのかについて、みていきましょう。

2　遺跡における家畜動物の存否

　私たちの暮らす日本に所在する多くの遺跡では、酸性の土壌とい
う、考古学的発見にとっては不利な条件のために、そこからさまざ
まな生物の骨が大量に見つかることは稀です。貝塚や、埋葬用の大
型土器に粘土で封をした甕棺などから骨が見つかりやすいのは、骨
が残りやすい環境が準備されたことによる例外的なケースです。と
ころがこの広い地球上では、地域によっては、遺跡から人骨や動物

骨が豊富に出土することは決して珍しくありません。動物の種が特定できる骨が遺跡から出土して、かつその年代を知ることができれば、いつ、どこに、どのような家畜が飼育されていたのかを知ることができます。また、その家畜の骨を詳しく調べていくと、後述するように、動物の群れの構成や、それらがヒトによってどのように利用されていたのかにも、迫ることができます。

　人類史における「二次産品革命」の概念を提唱したことで有名なアンドリュー・シェラット（Andrew G. Sherratt、図2−2）は、家畜の乳が定期的に利用されるようになったのは、旧大陸における動物の家畜化が起こってからはるかに後のことで、犂耕や羊毛の利用に次いで現れたと考えました。ここでいう「二次産品」とは、動物の毛や乳、そして畜力のように、動物を殺さずに繰り返し得られるものを指し、乳の利用もこれに含まれることになります。シェラットは、農業における革新の積み重ねが動物による耕起具の牽引や毛皮利用、施肥、乳利用などの技術を段階的に生んだものと考えました。

　羊毛を得るためには、そのあたりにいるヒツジを捕まえてきて毛を刈れば使えるかというと、そうではありません。撚りをかけて糸にできる長さの巻毛を生やすヒツジが誕生したのは、紀元前4000年紀頃といわれています。それより前には、ムフロン（*Ovis orientalis*）というヒツジの野生種がアナトリアおよびイラン西部で紀元前8000年頃に家畜化されましたが、その毛はケンプ（死毛）という硬くて短い、織物には適さないものであったといいます。

　ニューヨーク州立大学のスーザン・ポロックによる、古代メソポ

タミアの遺跡から出土した動物骨の研究では、ウルク時代（紀元前4000〜3100年頃）に比べ、初期王朝およびアッカド時代（紀元前2900〜2100年頃）には動物の種類が多様化している中で、ヒツジのヤギに対する割合が継続して高く維持されていることが指摘されています。このような場合は、羊毛をとる対象としてヒツジが重要であったことが推測されます。これに対し、家畜が比較的若い年齢（24カ月から40カ月）で屠殺されている場合は、羊毛よりは肉の利用が推測されます。ポロックは、両方のパターンを認めつつも、後者の、肉としての利用により重点をおいて解釈を行いました。

　しかしここで注意が必要なのは、ポロック本人も指摘するように、都市遺跡から出土する動物骨が、当時、特に放牧により飼育されていた家畜の全容を示すわけではない、ということです。羊毛やミルクの採取を目的としていた家畜が都市に連れてこられるよりも、生産物としての羊毛やミルクが都市に運ばれていて、家畜そのものはもたらされなかった可能性が高いからです。もしそうなら、こうした家畜の骨は、都市遺跡において発掘されることはないので、実際に見つかったものから当時の全体像を把握することは難しいわけです。ですから、肉の消費が優勢となる動物考古学的証拠が都市遺跡から得られたとしても、当時ミルクが積極的に利用されていなかったという証拠にはなりません。しかし、証拠にもとづいて議論するのが考古学です。先史時代、特に古い時代における家畜利用は肉の獲得が主な目的であったという認識は、上記のような解釈における根本的な資料上の限界にもかかわらず、考古学者の認識に深く根づくことになります。

さて、地域によっては遺跡から豊富な量の動物の骨が出土することがあるのは上に述べた通りですが、こうした場合に考古学者がどのように骨から情報を得ていくのか、ということについて、もう少しみていきたいと思います。

動物考古学の研究では、どのような動物がどれだけいたかということだけでなく、オスとメスの比率や年齢構成を調べることによって、死亡時期の復元をもとに動物利用法を推定します。具体的には、酪農に関する履歴を、幼獣の屠殺および雌の成獣を保護していた証拠を見つけることによって論証しようとし、肉利用に関する履歴を、一定のサイズに達した時に屠殺しているかどうかによって推定します。こうした方法にもとづいて、西アジアの新石器時代においては家畜飼育の目的は主に肉利用と判断されていたのです。

現代の酪農に対する綿密な観察にもとづいたパターン認識にはいずれも説得力がありますが、こと遺跡から出土した動物骨の集合体を相手にする場合には困難が伴います。上に述べた遺跡の場所や性格に関わる問題だけでなく、一律なパターンを想定しにくい種々の文化的要因や、遺跡が形成されるまでのさまざまな未知の要因がからんでいるからです。その結果、遺跡から得られた動物骨の集合体から、このような意味あるパターンを見出すのは実際にはとても困難であることが指摘されています。

学史に残る高名な学者であるシェラットは、乳を大量に生産するように品種改良された家畜がまだ存在しなかったであろうこと、乳を家畜から首尾よく回収することが難しかったであろうこと、世界のさまざまな地域において現代ですら多くの人びとが乳糖不耐であ

るため、新石器時代にもほとんどの大人は生乳を消化することに困難を伴ったであろうことなどを総合的に考えて、当時としては多くの考古学者に受け入れやすい結論に達しました。すなわち、「酪農は新石器時代以降、おそらく青銅器時代に普及したであろう」というものです。

　つまり、人類が乳糖耐性を獲得したのはきわめて新しい時代の出来事であり、乳を飲用することもまたそれほど古くはさかのぼらないと考えたのです。優れた学者らしい、当時得られる資料の網羅的な検討にもとづいた、きわめて筋道の通った議論といえるでしょう。この「ミルク・パラドックス」は、現代でさえも不可解といわれているのですから、1981 年にこの論文を書いたシェラットが上記のように考えたのも無理はありません。また、ヨーロッパの青銅器時代の土器が、広範囲に器種構成において共通性を示すことに注目し、これが人の移住に直接結びつくのではなく、ミルクの利用のような機能的な理由によって広い地域に短期間に広まったと推測したのは、同じ考古学者として、筆者にもうなずける解釈です。しかしこの説は、次章で紹介するように、21 世紀に入って行われた新しい研究によって、全面的に再考を迫られることになります。

3　図像に現れた家畜

　ところで、シェラットは図像にも目を向けて、複数の証拠から二次産品の重要性について検証を行いました。家畜が搾乳と関わる脈絡で描かれていれば、その時代にミルク利用が行われていたことは

図2-3　イラクのウルク出土の円筒印章に見られるウシのモチーフ（Sherratt, A. 1981 Plough and pastoralism : Aspects of the secondary products revolution. In *Pattern of the Past.* Cambridge University Press. Fig. 10. 12 の一部を再トレース）

間違いありませんので、きわめて堅実な方法といえます。

　例えば、紀元前 3500 年頃の、イラクのウルク出土の円筒印章（古代メソポタミアにおいては、書簡や容器を封じるための紐が粘土で覆われましたが、その粘土に押し付けて転がすことで所有者などを示すために、円筒形のはんこを使用しました）には、葦葺き屋根の下に子牛とミルクびん、そしてその上に成獣のモチーフを並べたフリーズ（帯状の装飾部分）が刻まれていました（図2-3）。この図像を、日中の放牧を終えた成獣が、幼獣が飼育されている小屋へと戻ってきた様子ととらえ、この時期に広い範囲で酪農が行われていたことを想定しました。

　また、少し時代は下りますが、紀元前 2600 年頃の南メソポタミアの遺跡、テル・アル＝ウバイドのニン＝フルサグ （Nin-Hursag）寺院のレリーフは有名です。ここでは、石灰岩に刻まれたフリーズに、搾乳や乳製品加工と直接関わる図像がみられます。右側には搾

図2-4 南メソポタミア、テル・アル＝ウバイド遺跡のニン＝フルサグ
（Nin-Hursag）寺院の搾乳場面を表したレリーフ（Eva Strommenger,
Max Hirmer and Christina Haglund 1964 *5000 years of the art of Meso-
potamia*. H.N. Abrams, New York.）

乳の様子が、左側にはミルク加工の様子が浮き彫りにされています
（図2-4）。

　まず右側には、搾乳を受ける二頭の雌牛と、それぞれに相対する
仔牛がおり、雌牛の後ろ側から吸入器のような道具を用いて行われ
ている搾乳の様子が細かに表現されています。一方左側には、神官
の服装をした4人の人物が、壺を持ったり（揺らしているとみる研
究者もいます）漉し器のようなものを使って牛乳の処理をしている
様子が、やはり詳しく描き出されています（図2-4）。チーズやバ
ターを加工している場面の可能性があります。なお、この図像はウ
シの搾乳をモチーフとしていますが、メソポタミア初期王朝の円筒
印章には、ヤギの搾乳の様子を刻んだものも見つかっています。

　さらに時代は下りますが、搾乳の場面を表現したきわめて精巧な
彫刻としては、ウクライナのトウスタ・モヒーラ古墳から出土した
黄金の胸飾りが有名です（図2-5およびカバー写真）。紀元前4世
紀頃にさかのぼるものです。ヒツジから搾乳して壺に入れている様
子が、ウシやウマ、ヤギ、ライオン、そして空想の動物であるグリ

図2−5　トウスタ・モヒーラ古墳（ウクライナ）出土の金製胸飾り（ウクライナ国立歴史博物館（The National Museum of the History of Ukraina）より許可および画像の提供を得て掲載。許可番号 14.02.2024. No. 115）

フィンなどとともに精巧に細工された黄金の装飾です。その精巧な複製品が、他のスキタイの黄金製品などとともに日本の博物館でも展示されたことがありますので、ご覧になった方も多いのではないでしょうか。

4 粘土板タブレットに刻まれた文字

　図像とともに、ミルク利用の直接的な証拠として、文字で書かれた記録も雄弁な資料です。過去の文字を読むこと自体は、狭義の考古学には含まれませんが、文字が刻まれた粘土板タブレットという遺物は遺跡から出土しますので、ここでは、そこに書かれている内容についても考古学の範疇に含めることにしましょう。紀元前3000年紀のメソポタミアには、神殿をもつ都市的な領域国家が成立しており、そこからは家畜飼育に関する記録を刻んだ粘土板が数多く見つかっています。これらに刻まれた楔形文字の文章には、ミルクに関連する情報も多く含まれています。

　当時おそらく世界最大の都市であったメソポタミアのウル（現在のイラク東南部）は、チーズやバターの生産においても中心的な位置を占めていたとされています。実際、フランスの著名な歴史家ジャン・ボテロの研究によれば、メソポタミアで紀元前2100年頃から2000年頃までのウル第三王朝時代に作られた辞書には、18語から20語にも及ぶチーズに関する用語がみられるといいますが、これは、チーズやバターなどの乳製品が、当時の政治の中心である、神殿への貢納物として重要な位置を占めていたからだと思われます。それと同時に、ロンドン大学に提出されたローズマリー・エリソンによる博士論文では、シュメール人の都市においては、宗教的職業に従事する階級以外の人への配給にもチーズが含まれていることが紹介されており、当時の一般的な食料であったことがうかがえます。

また、今日でいうギー、サワーミルク、チーズのような乳製品が、楔形文字で記録されているといいます。

　また、前述のボテロ氏の研究によって、当時のさまざまなミルクの利用法が明らかにされています。例えば、ミルクを水と混ぜたり、バターミルクを溶かし込んだりして、パン生地に練り込む利用法があったことや、沸かしたミルクから精製バターを作っていたこと、そしてキシンムとよばれる製品に代表されるような、凝固したミルクを乾燥させて香草でさまざまな香りをつけたチーズが食されていたこと、などです。さらに、ミルクについては「食べる」と「飲む」の両方の表現が用いられるものの、「飲む」ミルクについては朝の食事にしかみられないことを指摘しています。これは、搾乳をしてから間もない頃にしか、生のミルクを飲用できなかったことによるものと解釈されています。

　文字記録があるということは、本当にありがたいことで、上記のようなさまざまなことを事細かに知ることができます。しかし、このような詳細な記録が見つかっているのはメソポタミアにほぼ限られますし、この地域についても、文字の出現以前の時代については、他の方法に頼らざるを得ません。

5　遺物の型式学的研究

　ミルク利用に関わる道具類も、もしそれとわかれば重要な情報源です。現在の酪農において使用されている道具と同じものがあれば、当時の酪農に関する活動についての有力な手がかりとなります。た

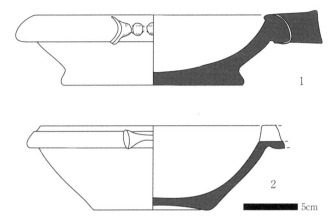

図2-6　ギリシャ・コリントス神殿跡から出土した、「すり鉢」
　　　　土器。チーズ発酵に用いた桶ではないかという説がある。
（Edwards, R. 1975 Corinthian Hellenistic Pottery. *Corinth*, 7
(3), Plate 22-622・625 を再トレース）

だ、すでに述べたように、搾乳などミルクに直接関わる営みについ
て、それと特定できるような道具はきわめて少ないのが実情です。
それでも、考古学者はさまざまな試みをしてきました。たとえば、
ペンシルヴァニア大学のロジャー・エドワーズ（Roger Edwards）
は、ギリシャのコリントスの神殿跡から出土した土器を分類し、カ
タログ化をしましたが、紀元前5世紀頃のアスクレピエイオンの聖
域の遺跡から出土して、すり鉢（Holmos）とされていた土器（図
2-6）が、実はミルク桶かチーズ発酵桶に使われていたのではな
いか、と考えました。当時のスイスで使われていたミルク桶に、形
がよく似ていたからです。

　また、イタリア半島に特有の「ミルク沸かし」という器種も想定されています。図 2 - 7 に示したのは、銅器時代から青銅器時代にあたるアペニン文化の土器で、図 2 - 7 - 2 がその形態から bugia（燭台）と呼ばれ、南イタリアに分布しています。湾曲した、あるいは角張った浅いボウルの底面の中央に大きな円形の穴があいていて、その周りを襟部がめぐっています。襟部と外側器壁の間の凹部は、小さな貫通孔がめぐり、1 本の把手がつけられています。チーズの製造工程で、ミルクをゆっくりと煮沸するために作られたと考えられています。使用時には、沸騰したミルクが中央の穴を通って上昇しますが、外気の圧力から解放されて蒸気の泡が破裂し、小さな穴を通って下の瓶に無害に排出されるとのことです。かなりリアルな描写ですので、実際に使ってみたのかもしれませんが、詳細は書かれていません。一方、図 2 - 7 - 1 に示したのが北イタリアで「ミルク沸かし」であると想定されている、端部に孔列をもつ逆さ漏斗と、内部に突起をもつ壺の組み合わせです。

　さらに時代が下ったローマ時代には、ヨーロッパの広大な範囲を領土としたローマ帝国が各地に行軍するのに伴って、チーズ製造用の道具と技術をイタリアから各地へともたらすことになりました。ヨーロッパ各地に点在するローマの軍営地の遺跡からは、ミルクのカード（凝乳。乳中のタンパク質が凝固したもの）を圧搾するための土器の型（図 2 - 7 - 3）が頻繁に出土します。

　土器以外にも、青銅で作られた下ろし金は、紀元前 1 千年紀のギリシャやイタリアで、戦士たちの墓の副葬品として頻繁にみられるようです。チーズをすり下ろすのは、それをワインに入れるという

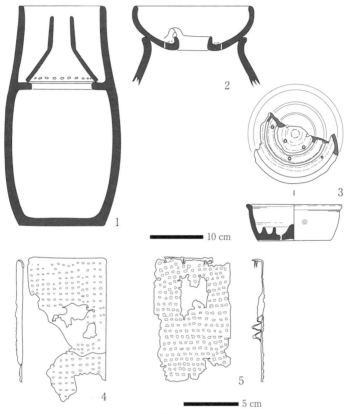

1・2：アペニン文化の「ミルク沸かし」土器
　　（1：ベルトーザ洞窟出土　2：ベルヴェルデ出土）
3：ローマ時代のミルク圧搾に使われた土製の型
4・5：青銅製のチーズ下ろし金

図2-7　古代ギリシャ・イタリアで用いられた乳製品と関連する道具類の
　　　　出土遺物（1・2：Trump, D. 1966 *Central and Southern Italy before Rome.*
　　　　Thames and Hudson, Fig 35 を再トレース。3：Niblett, R. *et al.* 2006
　　　　Verulamium：Excavations within the Roman Town 1986-88. *Britannia*,
　　　　Vol. 37, fig. 35を再トレース。4・5：Ridgway, D. 1997 Nestor's cup and
　　　　the Etruscans. *Oxford Journal of Archaeology*, 16 (3), fig. 5を再トレース）

重要な儀式のためでもあったでしょう。これを用いる対象となったのは、すり下ろして使うのが理想的な、羊乳のペコリーノ・バニョレーゼや山羊乳のカプリーノ・ダスポロモンテなどのハードチーズであったと考えられます。

　大英博物館のブログには、ギリシャ時代の青銅の下ろし金（図2-7-4・5に示したようなもの）や、すり棒、チーズ下ろし、丸いチーズ、ニンニクの束がのせられたすり鉢のテラコッタ像が、当時のレシピとともに紹介されていますので、関心のある方はぜひ一読をお勧めします(3)。同じ頃に製作された、チーズをすり下ろす女性のテラコッタ像も知られており、器の縁には乳棒、地面にはナイフを置いたチーズが置かれているなど、この下ろし金の用途をいきいきと今に伝えています(4)。

　さて、ここまでみてきた事例はいずれも歴史時代のものであって、すでにその時代にミルクや乳製品がさかんに製造・消費されていたこと、その利用法について図像や文字資料があるために明らかであることから、ミルクと関連づけることができている事例です。しかし、先史時代になると状況は変わります。最初にみたスイスの事例のように、現代の乳製品加工に用いられている道具との類似性だけが手がかりとなりますので、形が似ていても他の用途に使われていた可能性を排除するのが難しいという難点があります。

　先史時代の出土遺物で乳製品加工と関連づけられて議論された例としては、銅石器時代のレヴァント地方や新石器時代のバルカン半島の土器、そしてエーゲ海周辺地域の青銅器時代にみられる樽形土器（Barrel vessel、図2-8-1〜3）が、その形態のためにチャー

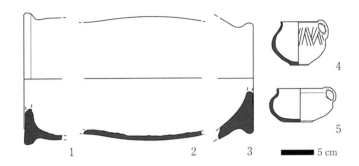

図 2-8 樽形土器と「ミルク・ジャグ」形土器（1-3：Morris, S. 2009/2010 Prehistoric Torone：A Bronze Age emporion in the north Aegean：Preliminary report on the Lekythos Excavations 1986 and 1988-1990. *Mediterranean Archaeology*, 22/23, Fig 28 から一部を再トレース。4・5：Craig, O. *et al.* 2003 Milk Jugs' and other myths of the Copper Age of Central Europe. *European Journal of Archaeology*, Vol. 6 (3)：fig 2 から一部を再トレース）

ンとよばれるバター作りの道具であると解釈されたことがあります。さらに、ハンガリー銅器時代の「ミルクさし（Milk jug)」と呼ばれる把手つきの土器（図2-8-4・5）は、まさにアンドリュー・シェラットが主張した「二次産品革命」の時期のものでもあり、多くの考古学者がミルクと結びつけることになりました。ただし、次の章で述べるように、後に行われた残存脂質分析を用いた検証によって、幻のミルクさしとなってしまいました。反対に、ヨーロッパ新石器時代のリニア・バンド・ケラミーク（LBK）文化にみられる多数の小孔を底部にもつ土器（第3章で詳述）は、やはり

現代のチーズ作りからの連想で乳製品加工のための土器と考えられていましたが、そのことが同じく残存脂質分析によって裏づけられることになります。

　ここで明らかなように、数千年もの昔にさかのぼる遺物から、その用途を推定するのはかなりの困難が伴います。しかし、もしその遺物自体に、過去のミルク利用と直接関わる有機物が残されていたならば、話は変わってきます。そこで次章では、目には見えない、非常に小さな有機物を遺物から取り出して分析する「考古生化学」が、どのように人類のミルク利用の歴史を塗り替えてきたのかを、みていきます。

　註
（1）小アジアともよばれる、現在のトルコ共和国のアジア部分に位置する半島を指す言葉。
（2）ウシにすきを引かせて畑を耕すこと。りこう。
（3）大英博物館ブログ記事　https://blog.britishmuseum.org/cook-a-classical-feast-nine-recipes-from-ancient-greece-and-rome/
（4）ボストン美術館所蔵品の紹介ページ　https://collections.mfa.org/objects/151728

第3章　考古生化学が明らかにした
ミルク利用の歴史

1　「目に見えない遺物」をあつかう考古生化学

　前章では、遺跡から出土した動物の骨や土器などの遺物、あるい
は図像や彫刻など、いわば目に見えるモノを対象とした考古学の研
究を通じて、過去のミルク利用の様相がどのように考えられてきた
のか、そしてこれらの方法によって明らかにできることの限界につ
いてみてきました。それに対しこの章では、21世紀に入ってから
急速に発達した、目に見えないモノを対象とする新しい考古学研究
の成果を紹介します。すなわち、生体分子を対象とする考古生化学
（Biomolecular Archaeology）の方法によって次々と明らかにされ
てきたミルク利用の歴史について、みていきます。
　もちろん、20世紀にも、自然科学的な分析方法を用いてミルク
や乳製品の存在を明らかにしようという先駆的な試みはありまし
た。同世紀の半ば頃に、エジプト第一王朝、第二王朝のサッカラ
（Saqqara）墓や、第一王朝のホル・アハ（Hor-Aha）王の墓から発
見された土器の内容物について、チーズであるという推定がなされ
たことなどは、その好例といえるでしょう。しかしこの時代の分析

技術は、発見されるまでの長い時間をかけて変化したはるか昔の乳製品を、化学的に信頼に足る水準で同定するレベルには達していませんでした。

微細な有機物の同定研究が可能になったのは、20世紀の末頃から各種の質量分析計(1)が急速に発達したからにほかなりません。遺跡や遺物にわずかに残された過去の生命活動に由来する生体分子を取り出すことで、その時代の人間活動についてよりよく理解しようとする分野を、考古生化学または生体分子考古学と呼んでいます。この分野はまさに、質量分析計などの生命科学分野での分析機器の性能の飛躍的な向上に裏打ちされて、20世紀の末から急速に進展した分野です。「絶滅したヒト科のゲノムと人類の進化に関する発見」により2022年のノーベル生理学・医学賞を授賞したスバンテ・ペーボ(Svante Pääbo)の研究も、考古生化学の一分野といえます。

考古生化学が主に対象とするのは、ペーボの研究で有名になった古DNAだけでなく、脂質・タンパク質・各種代謝物・炭水化物などです(図3-1)。これらのうちほとんどは、顕微鏡でも見ることのできないきわめて微小な物質ですが、私たちの体やさまざまな動植物の生体組織を形作ったり、維持したりする上で欠かせないものです。もちろん、いかに幸運に恵まれた遺跡にめぐりあったとしても、そこに残っていた生体分子が、当時の姿をそのままに留めていることは、ほとんど期待できません。したがって、断片化したものをいかに効率よく取り出し、そこからどのように知りたい情報を得るかが、重要になってきます。

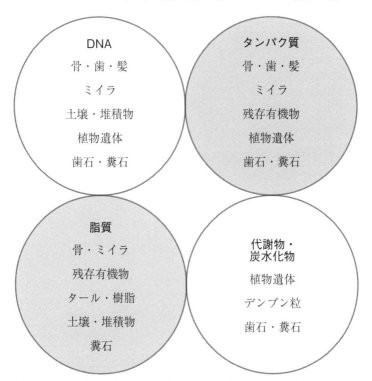

DNA
骨・歯・髪
ミイラ
土壌・堆積物
植物遺体
歯石・糞石

タンパク質
骨・歯・髪
ミイラ
残存有機物
植物遺体
歯石・糞石

脂質
骨・ミイラ
残存有機物
タール・樹脂
土壌・堆積物
糞石

代謝物・炭水化物
植物遺体
デンプン粒
歯石・糞石

図3-1 考古生化学が対象とする生体分子の種類と主な研究対象（Brown, T. A., Brown, K. eds. 2010 *Biomolecular Archaeology : An Introduction.* Wiley-Blackwell, p.4 の図をもとに加筆）

　こうした困難を克服する上で鍵となる、次世代シーケンサー（NGS）や、新型コロナウイルスの検査でよく知られるようになったPCR（ポリメラーゼ連鎖反応）検査機、各種質量分析計（GC-MS、GC-c-IRMS、LC-MS または LC-MS/MS、MALDI-TOF、詳細は後述）のような分析機器の性能の急速な進化によって、現在

では前世紀には想像もつかなかったような分析が可能になってきています。こうした技術を基礎とした考古生化学の研究対象は、過去のヒトの移動や性別、親族関係、食性、動物の家畜化、植物の栽培化、病気、生活技術など多岐にわたります。この章では、本書のテーマであるミルクの考古学に関わる代表的なものについて紹介していきますが、ミルクの話題に入る前に、いくつかの基本的な分析方法について確認しておきましょう。

2 さまざまな元素の安定同位体比の意味するもの

　図3-1に示したそれぞれの生体分子をみていく前に、どうしても読者のみなさんにご理解いただきたいことがあります。それが、安定同位体比のことです。安定同位体とはそもそも何でしょうか。自然界には、同じ性質をもちながら質量の異なる元素が存在します。ある元素の一粒からなる原子は、陽子・中性子からなる原子核と、その周囲に軌道をもつ電子から構成されています。同位体というのは、このうち中性子の数が異なるものをそう呼ぶのです。同位体には、放射能をもつものと、もたないものがあります。前者を放射性同位体、後者を安定同位体と呼んでいます。放射性同位体は陽子と中性子のバランスが不安定なため、時間とともに電子・陽子・中性子を放出して別の元素に変わります。しかし、安定同位体は自然界の中に一定の割合を保って存在し続けます。炭素を例にとると（図3-2）、最も多い炭素12（^{12}C と表記します）は自然界に98.894%、炭素13（^{13}C）が1.106% 存在します。これら2つの間の違いは中

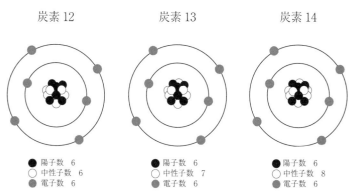

炭素12　　　　　　　炭素13　　　　　　　炭素14

● 陽子数　6　　　　　● 陽子数　6　　　　　● 陽子数　6
○ 中性子数　6　　　　○ 中性子数　7　　　　○ 中性子数　8
　 電子数　6　　　　　　 電子数　6　　　　　　 電子数　6

図3-2　　炭素の同位体の三者：炭素としての化学的ふるまいは同一であ
　　　　　るが、中性子数が異なるため質量が異なっている。炭素12およ
　　　　　び13は安定であるので、これら二者の比率で生態系に関するさ
　　　　　まざまな議論が可能になる。一方、炭素14は放射壊変を起こし
　　　　　窒素14へと変化する。これを利用して放射性炭素年代測定が行
　　　　　われることはよく知られている。

性子数が1つ多いか少ないかだけです。ちなみに年代測定に用いら
れる炭素14（^{14}C）はほとんどゼロに近く、0.00000000012%しか存
在しません。

　自然界に存在するさまざまな生命体の間で物質のやりとりが行わ
れ、各種の元素が循環するに従って、それぞれの生命体は異なる比
率の安定同位体により構成されることになります。それは、重い元
素と軽い元素で、化学反応の起こる速度が異なるためです。例えば、
水（H_2O）が蒸発するときは、水に含まれる酸素（O）のうち軽い
方の酸素同位体が先に気体となって移動しますので、後に残される
のは重い酸素同位体、ということになります。つまり、やかんでお
湯を沸かした時にやかんから出る水蒸気に含まれる酸素と、やかん

の中に残るお湯に含まれる酸素では、前者に、より軽い酸素同位体が多く含まれることになりますので、水蒸気の安定酸素同位体比は、お湯のそれよりも低い（軽い）値をとることになります。このように、各生物体の安定同位体比は、それぞれの生体内・生体間での物質の移動を反映するものなのです。

　理科や化学の時間に習った、周期表を覚えていらっしゃるでしょうか。「水兵リーベ」から始まる謎の呪文で暗記するように習った、あの周期表です。図3-3に示した周期表には、考古生化学的な研究において安定同位体がよく利用される元素をグレーで色づけしています。それぞれの元素の安定同位体比率を調べることでどのようなことがわかるのか、代表的なものについて簡単にみていきましょう。

　原子番号の順番に、水素（H）、炭素（C）、窒素（N）、酸素（O）、イオウ（S）、カルシウム（Ca）、ストロンチウム（Sr）、鉛（Pd）などの同位体が、考古科学の分野の研究ではよく用いられています。これらの元素の同位体比を比較することで、食性や動植物・鉱物の原産地に関する情報を得ることができるからです。通常、これらの元素の同位体比は、百分率（％）で表すのにはあまりにもわずかな差しか示さないので、千分率（‰、パーミル）を用いて表示します。また、それぞれの元素について、国際的に取り決められた標準物質があり、検体の同位体比は、その標準物質の値からの相対値として、δ（デルタ）という記号を用いて示すことが研究者間での取り決めになっています。

　安定同位体を使って研究することでどのようなことがわかるのか

1 H																	2 He
3 Li	4 Be											5 B	6 C	7 N	8 O	9 F	10 Ne
11 Na	12 Mg											13 Al	14 Si	15 P	16 S	17 Cl	18 Ar
19 K	20 Ca	21 Sc	22 Ti	23 V	24 Cr	25 Mn	26 Fe	27 Co	28 Ni	29 Cu	30 Zn	31 Ga	32 Ge	33 As	34 Se	35 Br	36 Kr
37 Rb	38 Sr	39 Y	40 Zr	41 Nb	42 Mo	43 Tc	44 Ru	45 Rh	46 Pd	47 Ag	48 Cd	49 In	50 Sn	51 Sb	52 Te	53 I	54 Xe
55 Cs	56 Ba	57~71 La-Lu	72 Hf	73 Ta	74 W	75 Re	76 Os	77 Ir	78 Pt	79 Au	80 Hg	81 Tl	82 Pb	83 Bi	84 Po	85 At	86 Rn
87 Fr	88 Ra	89~103 Ac-Lr	104 Rf	105 Db	106 Sg	107 Bh	108 Hs	109 Mt	110 Ds	111 Rg	112 Cn						

57 La	58 Ce	59 Pr	60 Nd	61 Pm	62 Sm	63 Eu	64 Gd	65 Tb	66 Dy	67 Ho	68 Er	69 Tm	70 Yb	71 Lu
89 Ac	90 Th	91 Pa	92 U	93 Np	94 Pu	95 Am	96 Cm	97 Bk	98 Cf	99 Es	100 Fm	101 Md	102 No	103 Lr

図3-3　元素の周期表と考古科学でよく用いられる元素

を、まずは比較的ポピュラーな方法である、炭素と窒素の安定同位体比（$\delta^{13}C$、$\delta^{15}N$）を利用した食性や食物網の研究の例をひいて、みていきましょう。

　図3-4に示すように、横軸の安定炭素同位体比（$\delta^{13}C$）は、C_3植物とC_4植物という異なる光合成回路をもつ植物群によって大きく分かれます。一方、縦軸の安定窒素同位体比（$\delta^{15}N$）は、被食ー捕食関係から成り立つ栄養段階が進むにつれて、その値が高くなっていきます。具体的には、植物を食べるプランクトンを小魚が食べ、その小魚を大型の魚が食べ、それをさらに海生哺乳類が食べるといったような食物連鎖です。このように、被食者（食べられる生き物）が食物として捕食者（食べる生き物）の体内に取り込まれる代謝の過程で、軽い同位体が優先的に排出される「同位体分別効果」が起こることで、捕食者の方が被食者よりも安定窒素同位体が

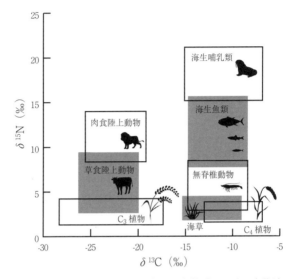

図 3-4　窒素・炭素安定同位体比と生態系における食物連
　　　　鎖・栄養段階の関係

3～4‰高くなります。また、一般的に陸上よりも水中の方が食物連
鎖は長いので、海に棲む生物の安定窒素同位体比は、陸上の生物に
比べて高くなる傾向があります。

　話は変わりますが、19世紀のドイツの哲学者ルートヴィヒ・ア
ンドレアス・フォイエルバッハ（Ludwig Andreas Feuerbach）は、
"Der Mensch ist, was er ißt（あなたはあなたが食べているもの）"
という有名な言葉を遺しています。これは、18世紀から19世紀に
かけておとなりフランスで活躍した美食家ジャン・アンテルム・ブ
リア・サヴァラン（Jean Anthelme Brillat-Savarin）の、「あなた

が普段から食べているものを言ってみたまえ。あなたがどんな人で
あるか、当ててみせよう」という有名な言葉を連想させます。つま
り、個人のアイデンティティとして、食べ物を社会的、文化的な側
面から捉える考え方です。

　しかし、同位体地球化学的な視点からは、まさに読んで字の如く、
捕食者の同位体は、被食者の同位体に影響されるということを意味
します。同位体地球化学を用いた食物網の研究に関する英語論文で
は、上述のフォイエルバッハのドイツ語を訳して、"You are what
you eat" という言葉がよく使われます。例えば、C4 植物（安定炭
素同位体比が高い）であるトウモロコシをたくさん食べているヒト
は、その体も高い安定炭素同位体比をもつことになります。しかし
ながら、注意しなくてはならないのは、C4 植物を飼料として与え
られた安定炭素同位体比の高い動物の肉を人間が食べた場合にも、
それだけヒトの安定炭素位同位体比が高くなるという点です。この
ことを表現するために、上のフレーズをもじって、"You are what
you eat ate（あなたはあなたが食べたものが食べたもの）" などと
いう表現が使われることもあります。

　次に、酸素の安定同位体比（$\delta^{18}O$）です。酸素のほとんど（99.762%）
は ^{16}O で、^{17}O もごくわずか（0.038%）に存在していますが、残り
の多く（0.200%）は ^{18}O です。海に棲む原生動物である有孔虫の殻
には、水温が低いほど ^{18}O が多く取り込まれることがわかっている
ので、安定酸素同位体比（$^{18}O/^{16}O$ 比）は、当時の海水温を推定す
るのに用いることができます。考古学的には、骨や歯の主な成分で
あるハイドロキシアパタイトの $\delta^{18}O$ が調査の対象になります。ハ

イドロキシアパタイトはリン酸基および炭酸基と呼ばれる部分に酸素を含んでおり、主に飲み水や食物に含まれる水から合成されます。そのため、骨や歯の形成過程で取り込まれたハイドロキシアパタイトの酸素同位体比は、摂取した水の酸素同位体と高い相関関係があるものと考えられています。これを利用して、動物の生育地や移動過程を復元する研究が行われています。

ヨーロッパ大陸部では、暖かい季節ほど降水中の安定酸素同位体比が高く、逆に寒い季節ほど低いことが知られています。これを利用し、家畜化される過程にあるウシの繁殖・哺乳における季節性を追跡した研究があります。フランス国立科学研究センターのマリー・ブラッセらによるものです。

降水の安定酸素同位体比の違いは、結果的にそこに生えている草や水を摂取している動物の歯のエナメル質に含まれる酸素の同位体比の違いに反映されます。この研究では、ヨーロッパ各地の新石器時代の遺跡から出土した、紀元前6千年紀から紀元前4千年紀にかけての年代に該当する105点のウシの第三大臼歯のエナメル質試料が採取され、EA-IRMS（Elemental Analyzer Isotope Ratio Mass Spectrometer、元素分析同位体比質量分析計）という機械で同位体比が測定されました。その結果、これらのウシが生まれた季節は1年のうちの2.5か月から4.4か月の間に限られていること、つまり現代の家畜ウシに比べて自然条件の強い影響下にあったために繁殖・哺乳の期間が短かったことが明らかにされました。

一方、酸素とともに水（H_2O）を構成する元素に、水素があります。自然界に存在する水に含まれる（重）水素の安定同位体比（D

/H、δD値）は、場所や状態によりさまざまな値を示すことが知られています。興味深いことに、ユーラシア大陸の草原地帯のような大陸の中間に位置する地域では、夏と冬の降水のδD値が大きく異なります。これを利用して、ミルクの季節性を明らかにした研究もありますが、これについては、脂質に含まれる水素の分析を行った研究ですので、次の項目の脂質に関する研究の中で触れることにします。

3　乳製品加工の歴史を塗り替えた残存脂質の研究

　次に紹介するのは、遺跡や遺物に残された脂質、すなわち残存脂質です。脂質とは、動物や植物の生体組織に含まれている油脂や、ワックス、タールなど、水に溶けない生体物質の総称です。この水に溶けないという性質のおかげで、脂質は、糖質やタンパク質などの他の生体分子よりも、土壌中に存在している間でも構造的に比較的安定しており、埋没してから何百年、何千年という長い時間が経過しても、分解がある程度に留まっている可能性が高いことが知られています。特に、土器のように微細な空隙を内包する人工遺物の内部では、バクテリアなどによる顕著な損傷を免れて、良好な状態で残っている事例が数多く報告されています。

　ミルクは、第1章で紹介したように、脂質を豊富に含んでいます。もし土器でミルクを煮炊きするようなことがあれば、土器の内部にミルクの脂質が残存することは十分に考えられるでしょう。乳に含まれる特徴的な化合物が数千年の時間スケールで土器などの中に残

されていれば、乳利用の歴史を復元する上でこれほど助けになる証拠はありません。しかし残念ながら、乳や乳製品に特徴的な短鎖脂肪酸は分解が比較的早く進む化合物で、しかもそれをもっていたとしても乳に限られるものではありませんので、何か一定の化合物を過去の乳利用と結びつけて議論するのには、少なくとも現時点では無理があります。

　上で説明した安定炭素同位体分析が、ここでものをいいます。1998年に、ブリストル大学のステファニー・ドゥド（Stephanie Dudd）やリチャード・エヴァーシェッド（Richard Evershed）らによって、反芻動物の乳に由来する特定の脂肪酸の安定炭素同位体比は、他の脂肪とは明らかに異なる値を示すことが明らかにされました。単一の試料に含まれる脂肪酸同士の炭素同位体比の相対的な差を指標としていることから、地球上のどの地域でも用いることができる、非常に便利な指標です。

　この方法をアナトリアや東南ヨーロッパの新石器時代の2,200点もの土器に応用した研究は、それまでのミルク利用に関する考古学者の考え方を完全に覆すことになります。2008年の学術誌 *Nature* に掲載されたエヴァーシェッドらの論文では、北西および中央アナトリア、東南ヨーロッパおよび北ギリシャ、東アナトリアおよびレヴァントのいずれの地域においても、紀元前7千年紀から紀元前6千年紀にかけて、一定の割合で土器によってミルクが加工されていたことが明らかになったのです（図3-5）。第2章で紹介したように、かのアンドリュー・シェラットをはじめとして、当時の多くの考古学者は、搾乳や酪農は青銅器時代に普及したものと考えていま

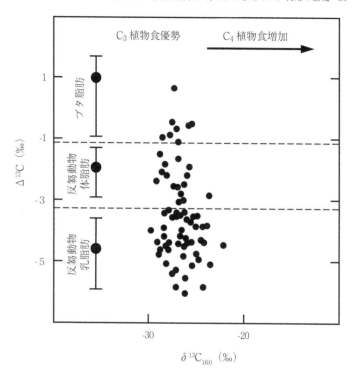

図3-5 北西アナトリア新石器時代の土器から抽出された脂質の個別
脂肪酸安定炭素同位体比。横軸にパルミチン酸（$C_{16:0}$）の安
定炭素同位体比、縦軸にステアリン酸（$C_{18:0}$）とパルミチン
酸の安定同位体比の差を示す。多くの試料が最下段の「反芻
動物乳脂肪」に対応する値を示していることが一目瞭然であ
る。(Evershed, R. P. *et al.* 2008 Earliest date for milk use in the
Near East and southeastern Europe linked to cattle herding. *Na-
ture*, 455, Figure 3 をもとに著者作図)

したので、きわめてセンセーショナルな研究成果だといえるでしょう。

　また、脂肪酸に含まれる水素の安定同位体比（δD）をウマのミルク、すなわち馬乳の利用の証拠として提示した研究も、エヴァーシェッドらによるものです。前述のように、カザフスタンの草原地帯では、夏と冬の降水のδD値が大きく異なっています。夏に搾乳されたミルクは夏の降水のδD値と対応するため、夏の期間に搾乳を行う馬乳は、夏から冬にかけての長い期間にわたって搾乳を行う牛乳とは、異なる安定水素同位体比を示すものと想定されます。この想定は、実際のウマの脂肪やミルクの同位体比にも反映されていることが確認されました。これを参考に、ウマの家畜化の議論においてもっともよく登場する遺跡である、カザフスタンのボタイ（Ботай）遺跡の出土土器から抽出された脂質の安定水素同位体比を測定したところ、馬乳に対応する値が得られたとされました（図3-6）。

　脂質の安定炭素同位体比だけではウマと他の非反芻動物の区別はなかなか難しいので、新しい指標の導入はとても有効かと思われます。しかし図をよく見ると、出土土器の脂質の安定同位体比は、現生標本から得られた馬乳の値と上の図（安定炭素同位体比）ではおおむね対応している一方、下の図（安定水素同位体比）ではその範囲から明らかに外れているなど、これをもって馬乳の証拠といえるのかに疑問も残ります。したがって、馬乳由来の脂質の同定に関しては、さらなる研究が必要と考えます。

　さて、アナトリアの新石器時代の古い時期から乳利用が行われて

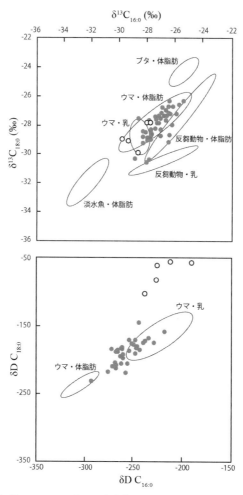

図3-6 カザフスタン・ボタイ遺跡出土土器から抽出された脂肪酸の炭素および水素同位体比から馬乳の存在を検証した事例。白抜きが馬乳と認定された試料、灰色がそれ以外を示す。(Outram, A. K. *et al.* 2009 The Earliest Horse Harnessing and Milking. *Science*, 323, Fig. 3 より加工転載)

いたという証拠が発見されて以降、世界各地で、この方法によって
過去のミルクおよび乳製品加工の証拠が次々と明らかにされてきま
した。その年代については、最近、ガスクロマトグラフ（GC）に
よって分離した個別の脂肪酸そのものを直接炭素年代測定する方法
が開発されたことで、乳製品そのものに関連する脂質の年代を直接
知ることが可能になり、議論はより確実性を増しています。中央
ヨーロッパのLBK（リニア・バンド・ケラミーク）文化の土器か
ら抽出され、乳製品に由来すると判断されたパルミチン酸⁽³⁾およびス
テアリン酸⁽⁴⁾の年代は、5400年前頃を示しました。今後はこの強力
な方法で、より直接的な乳製品の年代が各地で明らかになっていく
ことが期待されます。

　家畜動物と乳利用の伝統は、アナトリアから東ヨーロッパ、中央
ヨーロッパ、そしてさらに北ヨーロッパや西ヨーロッパにも拡散し
ていきます。この伝播の過程で現れた地域差が、ヨーク大学のオリ
ヴァー・クレイグ（Oliver Craig）らを中心とする研究者のグルー
プによって、土器残存脂質の研究から見事に描き出されています。
図3-7に示した地図を参考にしながら、その議論をたどってみま
しょう。ミリアム・キュバスらは、イギリスおよびヨーロッパの大
西洋側地域において、新石器文化を受容したばかりの時期に限定し
て、24の遺跡から土器サンプル246点を採取して残存脂質分析を
行いました（実はこの論文ではデンマークの土器も分析対象として
いますが、話が複雑になるのでここでは省きます）。農業および土
器に特徴づけられる新石器文化の受容は、ヨーロッパの南で早く、
北で遅いという特徴があり、その差は1500年余りに及びます。分

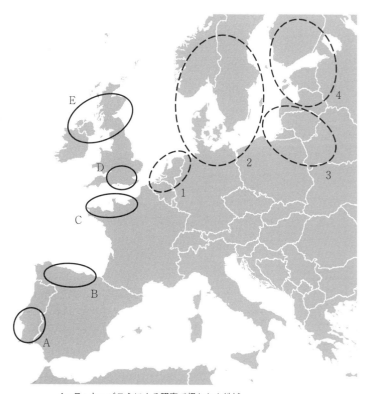

A〜E：キュバスらによる研究で扱われた地域
　　A：ポルトガル中南部　B：スペイン北部
　　C：フランスとチャネル諸島　D：イングランド南部
　　E：イングランド北部・スコットランド・アイルランド
1〜4：リュキャンらによる研究で扱われた地域
　　1：ライン川下流域　2：バルト海沿岸中部・西部
　　3：バルト海沿岸南東部　4：バルト海沿岸北部・東部

図3-7　ヨーロッパにおいて異なる乳利用の特徴を示す地域群

析の結果、大西洋沿岸の遺跡から出土したこれらの土器からは水生
生物指標は全く検出されず、個別脂質の安定炭素同位体比も海産物
に対応する高い値を見せるものは一点もありませんでした。これに
対して、反芻動物の肉や脂、乳製品に対応する同位体比はすべての
地域で広く確認されました。さらに注意深く結果を精査すると、乳
製品が加工消費されている割合には、地域による違いがあることが
わかりました。その傾向を可視化するためにベイズ統計を用いて作
成した箱ひげ図が図3-8です。南側のA（ポルトガル中南部）か
ら北側のE（イングランド北部、アイルランド、スコットランド）
へといくに従って、「乳」が含まれている確率が徐々に上がってい
く様子が見事に示されています。このような地域差について、限ら
れた事例ではあるものの、出土動物骨からは、北でウシが多く、南
でヤギ・ヒツジが多いという傾向が見られるため、北側の地域にお
ける乳製品の卓越はウシの飼育および牛乳の利用と深い関係がある
ものと考察されています。そしてこの伝統が、ひいてはヒトの乳糖
耐性が大西洋側の北側で高く、南側で低いという傾斜を生み出した
という、新しい仮説を提示しています。

　いっぽう、アレクサンドル・リュキャンらは北ヨーロッパやバル
ト海沿岸の諸地域を舞台にさらに大規模な調査研究を行いました。
この地域の初期の農業民の土器598点と、同じ地域の狩猟採集民の
土器555点を分析し、その結果を比較したのです。この研究でもや
はり、明確な地域差が見出されました。すなわち、全域において多
くの水産資源が加工調理されていた傾向は共通するものの、バルト
海沿岸地域の中でも中央および西部において、顕著な乳製品の加工

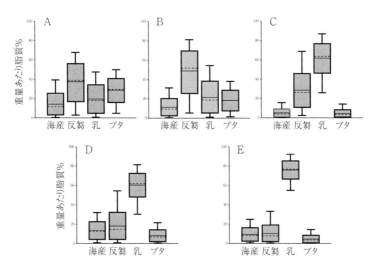

図3-8　ベイズ統計によって推定された、ヨーロッパ大西洋沿岸の各地域から出土した新石器時代初期の土器に含まれるさまざまな動物性食品由来の脂質の寄与確率（試料数＝563）を示した箱ひげ図。A：ポルトガル中南部、B：スペイン北部、C：フランスとチャネル諸島、D：イングランド南部、E：イングランド北部、アイルランド、スコットランド。各地域の土器から抽出された $C_{16:0}$ および $C_{18:0}$ 脂肪酸の $\delta^{13}C$ 値の中央値にもとづいて、0.5‰の不確かさで重量比脂質%（y軸）を推定した。箱は68%信頼区間を、ひげは95%信頼区間を表す。横の連続線は平均値を、横の破線は中央値を示す。(Cubas, M. *et al.* 2020 Latitudinal gradient in dairy production with the introduction of farming in Atlantic Europe. *Nature Communications*, 11: 2036 (2020). Figure 3 を加工転載)

調理の痕跡が見られたのです（図3-9）。興味深いことに、この地域においては、乳製品の加工調理の痕跡は農業民の土器にとどまらず、狩猟採集民の土器においても顕著に確認されました。これは、他の地域と比較した時に際立っているバルト海沿岸中部・西部の特徴です。図3-9に示した通り、A-2では乳製品由来の脂質が顕著に見られるのに対し、A-1、3、4においてはほとんど見られません。

　実はバルト海沿岸の中央・西部では、ヒトの古DNAの分析によって、大規模な人間集団の置換が起こったことがわかっています。しかし、言ってみれば原住民である狩猟採集民の間でも、じつに24％もの土器で新来の乳製品を調理していたのです。このことから、この論文では、家畜をもたない在来の狩猟採集民と新来の農業民たちとの間で、毛皮や海獣の油などと乳製品との交換が行われていたのではないかという仮説が提示されています。それと同時に、在来の狩猟採集民たちによる活発な水産資源の調理加工は後に優勢となる農業民にも引き継がれ、そして時には乳製品に代表される農産物とともに調理されたというわけです。これは、北ヨーロッパにおける狩猟採集社会から農業社会への転換を考える際に、民族集団の交替によるものか、継続した集団の文化変化か、あるいは移住か土着か、という論点に偏りがちであった従来の考古学的な議論に、新たな視角を提供する重要な成果といえるでしょう。

　一方、個別の遺跡内における乳製品の消費のあり方に注目した研究もあります。オリヴァー・クレイグらによる、ダーリントン・ウォール（Durrington Walls）遺跡の研究事例です。紀元前2500

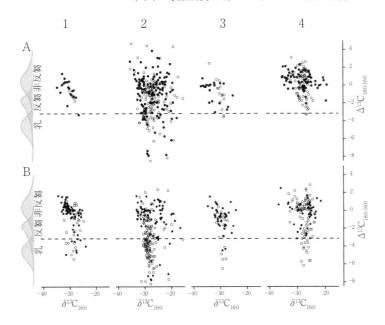

図3-9　Δ¹³C 値（$\delta^{13}C_{18:0} - \delta^{13}C_{16:0}$）に対する $\delta^{13}C_{16:0}$ の散布図：ライン川下流域（1）、バルト海沿岸中部・西部（2）、バルト海沿岸南東部（3）、バルト海沿岸北部・東部（4）の狩猟採集漁撈民（A）と初期農業民（B）の土器。現代の参照範囲を比較データとして密度で左端に示している。●は水生由来の脂質を含む試料、○は水生由来の脂質が検出されなかった試料。（Lucquin, A. *et al.* 2023 The impact of farming on prehistoric culinary practices throughout Northern Europe. *Proceedings of the National Academy of Sciences of the United States of America*, 120 (43), Fig.2 を加工転載）

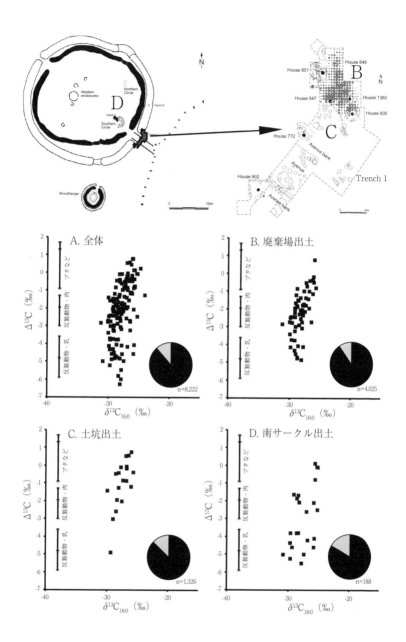

◀図3-10　ダーリントン・ウォール遺跡において明らかになった出土遺構および地区による土器用途の異なるパターン。土器胎土から抽出された個別脂肪酸の同位体比は現生標本から得られた値を参考値として表示している。円グラフは出土動物骨におけるウシ（灰）とブタ（黒）の比率を示す。遺構配置図上にアルファベット（B、C、D）で示した地点がそれぞれのグラフの項目に対応する。(Craig. O. E. *et al.* 2015 Feeding Stonehenge : cuisine and consumption at the Late Neolithic site of Durrington Walls. *Antiquity*, 89, Figure 3 を加工)

年頃、かの有名なストーンヘンジに最初の石が運び込まれた頃、木や石灰岩でつくられた環状遺構が付近に造営され始めます。その中でも最大のものがダーリントン・ウォールで、ストーンヘンジの北東約3kmのエイヴォン川の西岸に造営された直径470mの巨大な環状周壁遺構です。この周壁には4つの出入り口があり、内部には2つの複雑な木柱構造とアヴェニュー（通路）、住居跡などが確認されています。住居は周壁が作られる以前から存在しており、合計で数百軒にも及びます。ブリテン島の新石器時代では最大の居住地であったといえます。

　この遺跡を対象に、住居の廃棄に伴うことの多い土坑から出土した土器と、住居群の間に分布する廃棄場出土の土器、さらにそこから100mほど離れた南サークル出土の土器との間で、調理対象物に違いがみられるのかどうかが調査されました。結論はとても興味深いもので、土坑出土の土器にはブタの調理加工に用いられたものが多いのに対し、特に祭祀的な性格の強い南サークルと廃棄場から出土した小型土器において乳製品の加工が卓越していました（図3-10）。つまり、場所によって異なる調理がなされていたことが示さ

れたのです。

　また、土器の大きさや厚さを調べると、土坑出土のものは大型で厚いものが多く、南サークル出土のものは小型で薄いものが多いことがわかりました。このことから、前者では豚を屠殺して大勢で共食するために煮炊きするような用途に土器が用いられたのに対し、後者では少量のミルクを注意深く調理するような用途に土器が使われたものと判断されました。当時の生活におけるミルクのあり方を、よりリアルに想像させてくれる興味深い研究成果です。

　また、同氏らによって、第2章で紹介した、ハンガリー銅器時代に見られる、「ミルク・ジャグ」と名づけられていた土器の残存脂質が研究されました。その結果、これらの土器からは乳製品の証拠は見つからず、むしろ他の用途を考えるべきであることが提示されました。一見がっかりするような結果ですが、見た目から無邪気に土器の用途を想像していた段階を超えて、データで議論をするようになったという、学問上の大きな進歩といえるでしょう。なお、ミルクの考古学の最も代表的な研究法ともいえる、残存脂質分析の細かな原理や方法、手順については、第4章で詳しく扱います。

　このように、ヨーロッパでは先史時代からミルクや乳製品は盛んに消費されていました。土器から得られた証拠としては、リチャード・エヴァーシェッドらによる集大成ともいえる研究成果が2022年に発表され、これまでに調査された、過去9000年間に及ぶ7000個体余りの土器から抽出された脂質サンプルのうち、$\Delta^{13}C$ の値が-3.1‰以下を示し乳製品の存在が想定できるものが、全体を通してかなりの比率を示していることが明らかにされています（図3−

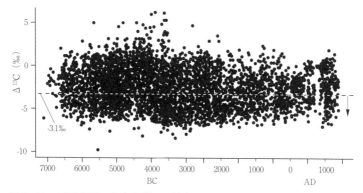

図 3-11　6,899 個体の先史土器から抽出された動物性脂肪の Δ^{13}C 値を時間
　　　　軸に沿ってプロットしたもの。各点は各土器片の測定値に対応し、
　　　　x 軸は年代を示す。Δ^{13}C が −3.1‰（図中の点線）以下のものを
　　　　反芻動物の乳脂肪と定義した。(Evershed, R. P. *et al.* 2022 Dairying,
　　　　diseases and the evolution of lactase persistence in Europe. *Nature*,
　　　　608, Figure 1 をもとに著者作図)

11）。やはり、ミルクは新石器時代の始めから、人類にとって重要
な栄養源であり続けてきたようです。また、後述するように人口の
多くが乳糖不耐であった状況において、土器によるミルクの加工が
非常に重要な役割を果たしたことも良く示しています。

4　パレオプロテオミクス──ミルク考古学の切り札──

　さて、土器の残存脂質分析が、西アジアやヨーロッパでのミルク
利用の開始時期を、それまで考えられていたよりも数千年押し上げ
たことはすでにみてきました。土器は遺跡から出土する遺物の中で

も最も普遍的なものの一つですので、土器を調べてミルクの痕跡を明らかにできることがわかったのは、学問上の大きなステップアップです。しかし、これらの証拠は、ミルクを土器で加工していた、ということを示すだけで、それがどの動物の乳なのかということや、例えばヨーグルト、チーズなどの具体的な乳製品の種類まではわかりません。

　これに対し、中国科学院大学の楊益民（Yimin Yang）らは、青銅器時代のミイラの装飾品の一部として発見された乳製品について、プロテオミクスによる直接的な証拠を提示しました。プロテオミクスとは、生物のもつタンパク質の構造や機能を網羅的に解析する研究方法のことです。脂質の分析とは異なる、液体クロマトグラフィー質量分析（LC-MS/MS）という方法が用いられました。中国新疆ウイグル自治区に所在する青銅器時代前期の小河墓地（1980-1450 BC）から見つかったミイラは、「楼蘭の美女」と呼ばれ日本でも有名になりましたが、このミイラが身につけていたネックレスの一部を分析したところ、チーズのような乳製品であることが明らかになりました。しかも、明らかになったのは、ただ乳製品であったということだけではありません。この乳製品を構成するタンパク質の分析から、このチーズには凝固剤としてレンネット(6)が用いられていなかったこと、そしてこのチーズは脱脂乳から作られたケフィアチーズであり、現代にみられる伝統的なケフィアづくりに用いられてきたものと共通する、*Lactobacillus Kefiranofaciens* などの微生物を含んでいたことを明らかにしました。驚くべき成果といえるでしょう。

このように、反芻動物のミルク、という大きな括りでしか議論ができない脂質と異なり、タンパク質は動物種や動物の部位、あるいは乳製品の種類にまでもメスを入れることができるという特徴があります。そこに、プロテオミクス分析の強みがあるのです。つまり、タンパク質が残るような条件が整えば、残存脂質から得られるよりもさらに多くの情報を得ることが可能です。

もちろん、小河墓地のような砂漠地帯の特殊な環境に恵まれて、有機物が奇跡的な残りの良さをみせる例はそうそうありません。しかし、意外に身近なところで例外を見つけることができます。それは、人が生きている間に、食物などのタンパク質を取り込みながら半鉱物化していく部分である、歯石です。歯石というと、多くの方にとっては歯科医で除去してもらう邪魔者のような扱いかもしれませんが、考古学者にとっては黄金の財宝にも匹敵する、あるいはそれ以上に貴重なものです。

歯石からミルクに由来するタンパク質を取り出すことに成功し、人類のミルク利用に関する知見を大きく前進させたドイツ・マックスプランク人類史科学研究所（当時、現在の地球人類学研究所）のクリスティナ・ワリナー（Christina Warinner）とジェシカ・ヘンディ（Jessica Hendy）（図3-12）らによる研究を紹介します。ヒトが乳製品を消費していたかどうかを古人骨の歯石から評価できる、という研究です。

「分子考古学者」を自称するワリナーは、歯石の中に、その人のDNAや口腔内細菌、食習慣を知る手がかりが隠されていることを発見しました。そして、考古学を学ぶ学生たちに「デンタルスケー

72

図3-12　クリスティナ・ワリナー博士（右）とジェシカ・ヘンディ
博士（左）。2021年6月モンゴルにて撮影。モンゴルの
乳製品「バシルック」を食しているところ。(Christina Warin-
ner博士提供)

ラー」という珍しい道具の使い方を教えるそうです。歯科医院でよ
くみられる、フックのついたこの金属製の器具で、発掘された人骨
の歯から古代の歯石をこすり取ります。歯に付着した石灰化した微
生物膜は、何世紀にもわたって保存可能な個人ごとの食物の堆積層
のようなものであるというわけです。なお、ワリナー先生の実習を
受けた学生には、「死者のための歯科衛生士」の認定証が渡される
そうです。やはり、一流の科学者はユーモアも秀逸です。
　さて、ミルクに含まれるラクトースを分解する乳糖分解酵素の有
無や頻度は、現代人でも地域によって全然違います。このことは、

第1章において、ミルク・パラドックスと呼ばれていることをすで
に紹介しました。どうしてこういった地域差が生じたのかは、現代
のことだけを調べていてもわかりません。乳糖不耐症の出現頻度に
地理的な傾斜があるということだけしかみえてこないからです。過
去にはどうだったのか、いつ、どこで、どういうふうに、乳糖耐性
が獲得されて、人類がミルクを利用するようになったのか。これは、
前節で紹介したように、部分的には、土器に残存した脂質を研究す
ることで明らかにされていました。これを、より直接的に人の遺体
そのものを調べることで、この人は確かに乳製品を消費していたと
いうことを明らかにし、個人レベルの属性にもとづいた乳利用の歴
史を明らかにしようという研究なのです。

　この研究では、現代の乳糖不耐症の頻度分布を参考に、最も頻度
の高いアフリカ、中程度の中欧、カスピ海沿岸、非常に低い西北欧
地域から、それぞれ古人骨の歯石をサンプリングし、牛乳や羊乳の
乳清に特徴的なタンパク質である β-ラクトグロブリン（図3-13）
の有無を分析しました。その結果、分析したサンプルのうちの4分
の1から β-ラクトグロブリンが検出されました。興味深いことに、
現在乳糖耐性をもつヒトの割合の高いヨーロッパでは歯石から β-
ラクトグロブリンが確認されるのに対し、乳糖不耐症のヒトが圧倒
的な西アフリカでは全く見つかりませんでした。さらに、検出され
たタンパク質の細かな特徴から、具体的にウシ、ヤギ、ヒツジのう
ちどの乳が摂取されていたのかを判別することができました。それ
に加え、北グリーンランドにおいては、13世紀までは乳製品を盛
んに消費していたのにもかかわらずその後急激に消費しなくなり、

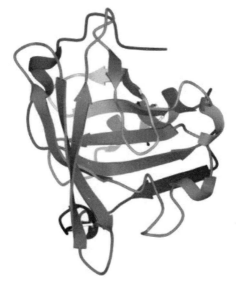

図3-13　β-ラクトグロブリンの構造（PDB DOI：10.2210/pdb 1 BEB/pdb, Deposited： 1996-12-20 Released： 1997-05-15 Deposition Author(s)： Brownlow, S., Morais-Cabral, J.H., Sawyer, L.）

食性の中心が海産物へとシフトしたということもわかりました。

　このように出土人骨の歯石から β-ラクトグロブリンを検出するという方法を、イギリスの新石器時代の最も古い時期の試料に応用したのが、ロンドン自然史博物館（当時）のソフィー・チャールトン（Sophy Charlton）らの研究です。イギリスの新石器時代がなぜミルク研究にとって重要かというと、この地での新石器時代の開始に際しては、コムギ・オオムギなどの栽培植物やウシ・ヒツジ・

ヤギ・ブタなどの家畜がパッケージとなってもたらされたと考えられており、しかもこれには大陸からの人間集団の移住が想定されているからです。つまり、ミルクの利用がどのような契機で、そしてどのような人びとによって開始されたのかを知るのに適したフィールドだからです。

　興味深いことに、イギリスの新石器時代の人骨67体についてDNAの分析が行われましたが、どの個体も乳糖耐性をもっていなかったことが確認されています。乳糖耐性をもっていない個体において乳の消費が確認されれば、加熱や発酵などの処理を経た乳製品の消費が想定できます。ハンブレドンヒル（Hambledon Hill）、ヘーゼルトンノース（Hazleton North）、バンベリーレーン（Banbury Lane）の3遺跡から出土した人骨の歯石がLC-MS/MSを用いて分析されました。これらは前期および中期新石器時代の遺跡で、紀元前3800年から紀元前3000年頃の時期にあたります。分析対象としたすべての歯石からタンパク質が抽出され、そのうち7試料からβ-ラクトグロブリンが検出されました。これらはウシ、ヒツジ、ヤギの乳に由来するものですが、ある1体からはヤギに特有のペプチドが確認されています。

　分析対象遺跡の一つであるハンブレドンヒル遺跡では、かつて土器残存脂質分析が行われており、25%以上の土器が乳製品の加工に用いられていたことがわかっています。乳糖不耐であった当時の人びとの歯石に乳利用の証拠が残されていたことから、生乳を少量摂取していた可能性がまずは考えられます。それに加え、土器などを用いて加工することで乳糖を除いたり減らしたりした、チーズ、

ヨーグルト、ケフィア、バターミルクなどの乳製品を摂取していた可能性も十分に考えられます。というのも、β-ラクトグロブリンは乳清に多く含まれているためにハードチーズのようなものからは検出されない反面、例えばヨーグルト程度の発酵を経ても残されることがわかっているからです。

　カスピ海の周辺地域における馬乳の利用を明らかにしたのも、プロテオミクスによる研究成果です。ドイツのマックス・プランク人類史科学研究所（当時、現在のマックス・プランク地球人類学研究所）のシェヴァン・ウイルキン（Shevan Wilkin）らは、ユーラシア西部の、黒海沿岸からカスピ海の北部にまたがる草原地帯の遺跡から出土した人骨の歯石を分析しました。この時期と地域に注目したのは、この地域に分布したヤムナヤ文化と呼ばれるまとまりが、言語学的にインド・ヨーロッパ語族の初期の中核的文化の一つと見なされているという重要性と、さらにはこの集団がスカンジナビアからアルタイ、さらにはモンゴルにまでの広域にわたり、紀元前3000年頃を前後する時期のヒトの遺伝的類似性をもたらしたということが、最近の遺伝学的研究によって主張されているためです。

　こうした文化や人間集団の急速な拡大は、部分的にはウマに騎乗する風習や車両をひかせる風習の登場で説明されてきました。しかし一方で、ウマやその他の家畜のミルクへの依存度については、ほとんどデータがありませんでした。銅石器時代から青銅器時代（紀元前4600年頃から紀元前1700年頃）の25遺跡から出土した56体の人骨から得られた歯石のプロテオミクスを研究することによって明らかになったのは、まさにこの点でした。

　分析対象とした56体のうち、じつに87％にあたる48体の試料から、口腔と関連するタンパク質の同定に成功しました。これらの結果を時期別に見ると、銅石器時代（紀元前4600年から3300年）の11個体においては乳製品の消費の痕跡は皆無であるのに対し、青銅器時代前期（紀元前3300年から2500年）では16体のうち15体から乳製品に関連するペプチドが検出されました。これらのうちの多くの試料ではヒツジやヤギ、ウシなど複数の動物のミルクと関連するペプチドが同時に検出され、複数の種類の家畜の乳を摂取していたことがうかがわれます。特筆すべきことに、これらのうち2体の試料からは*Equus*、つまりウマ、ロバ、チベットロバを含むグループに属する動物の乳由来のペプチドが検出されました。考古学的な情報にもとづけば、これらの動物のうちこの時期のこの地域に存在したのはウマ（*E. caballus, E. przewalskii, E. hemionus, E. ferus*）だけと考えられますので、これはヒトが馬乳を摂取していた直接的な証拠ということになります。続く青銅器時代後期（紀元前2500年から1700年）では、19体のうち15体から反芻動物のミルクを摂取した痕跡が確認されましたが、馬乳と関連するペプチドは検出されませんでした。

　これらの結果をもとに、ウィルキンらは、銅石器時代から青銅器時代への移り変わりの時期において、急激に乳製品の消費が広まったものと解釈しています。ただし、この地域の青銅器時代の人びとは乳糖不耐であったことが遺伝的研究により知られているため、生乳の消費だけでなく加工された乳製品を摂取していた可能性が高いとしました。興味深いことに、第4章で紹介する、ウマの家畜化の

議論で有名なボタイ遺跡から出土した人骨からは、ミルクに関連するタンパク質は得られませんでした。ボタイ遺跡から出土したウマは *Equus prezewalskii* という種で、現代のウマ *Equus caballus* とは異なる種とされています。この研究で明らかになったのは、後者のウマの家畜化とその乳利用が青銅器時代前期にまでさかのぼる可能性がある、ということです。そして、ウマだけでなくさまざまな反芻動物のミルクを利用できるようになったことが、ヤムナヤ文化の担い手たちが力強くその領域を広げる原動力になったものと結論づけています。

　一方、土器を対象とした研究でも、付着物や胎土から *β*-ラクトグロブリンを検出したジェシカ・ヘンディらによる論文があります。この研究では、トルコの新石器時代の遺跡であるチャタルフユク（Çatalhöyük）から出土した土器の内面にこびりついた白色の付着物や、それが覆っていた胎土を対象に、LC-MS/MS を用いたプロテオミクス分析が行われました。その結果、この遺跡ではオオムギ・コムギといった穀類、豆類、そしてウシ・ヤギ・ヒツジなどの乳製品や肉類を混合して調理していたことが、植物分類学上のかなり細かなグループである、亜科あるいは種レベルで明らかにされました（表3-1）。それだけでなく、特定の容器が特殊な食品（例えば、牛乳や乳清など）と結びついて使われていた可能性も考えられました。

　この研究によって、食物由来のタンパク質が、8000年以上にわたって遺物に存在することが示されました。そして、タンパク質が残っていれば、脂質の分析だけではわからなかった調理対象の分類

表3-1　トルコ・チャタルフユク遺跡出土土器および付着物から検出されたタンパク質によって同定された乳製品などの食材（Hendy, J. *et al.* 2018 Ancient proteins from ceramic vessels at Çatalhöyük West reveal the hidden cuisine of early farmers. *Nature communications*, 9：4064 の内容をもとに筆者作成）

試料番号	試料の種類	検出されたタンパク質
CW 27	付着物	真反芻下目（血・肉）
CW 23	付着物	ヒツジ(乳)・シカ(血・肉)・エンドウマメ・ソラマメ属・オオムギ
CW 21	付着物	ヤギ亜科(乳)・エンドウマメ・ソラマメ属・オオムギ
CW 11	付着物	ウシ亜科(乳)・ヤギ亜科(血・肉)・エンドウマメ・ソラマメ属・オオムギ
CW 8	付着物	ヤギ亜科(乳)・シカ(血・肉)・ウシ亜科(血・肉)・エンドウマメ・ソラマメ属・オオムギ・コムギ
CW 24	胎土	ウシ亜科(乳)・ウシ亜科(血・肉)
CW 22	胎土	ヒツジ(乳)・ヤギ(乳)・ヒツジ(血・肉)
CW 22	付着物	ヤギ亜科(乳)
CW 20	付着物	真反芻下目（血・肉）
CW 18	胎土	ヤギ亜科(乳)
CW 18	付着物	ヤギ亜科(乳)・エンドウマメ・オオムギ

学的な種や、生体内のどの組織が調理されたのかなどを、より具体的に明らかにすることができることがわかったのです。タンパク質がこのような長期間にわたり残存するには、この研究の材料となった白色物質を構成する炭酸カルシウムのような限定された条件が整わないと期待できないという難点はありますが、タンパク質が残っていた場合の情報量の多さには目を見張るものがあります。今後も、さまざまな地域でこの方法が応用されることが期待されます。

註

（1）原子や分子の集合体である物質の質量を測定する装置で、原子または
は分子をイオン化し、それらを高真空中で加速して電場や磁場の中
を移動させ、分離・検出する。

（2）リン酸カルシウムの一種で、歯と骨の主成分。特に歯のエナメル質
の大部分を占める。

（3）炭素数16個の直鎖飽和脂肪酸で、代表的脂肪酸として動植物界に
広く存在する。化学式は $CH_3(CH_2)_{14}COOH$。

（4）炭素数18個の直鎖飽和脂肪酸の一つで、パルミチン酸とともに代
表的脂肪酸として動植物界に広く存在する。
化学式は $CH_3(CH_2)_{16}CO_2H$。

（5）イギリスの牧師トーマス・ベイズ（Thomas Bayes）による「ベイ
ズの定理」をもとに、フランスの数学者ピエール・シモン・ラプラ
ス（Pierre-Simon Laplace）が確率論の基礎として位置づけた統計
学上の考え方。ある結果が得られた時に何が原因だったかを確率的
に求める方法で、時間をさかのぼるように原因を推定するため、「逆
確率」と呼ばれることもある。

（6）生後10〜30日の仔牛の第4胃から得られる酵素の混合物。凝乳酵
素であるキモシンを88〜94％含む。牛乳とレンネットを混ぜ合わせ
ると、牛乳が凝固し、水分と固形分に分かれる。現在では、動物性
のもの以外に、植物由来の植物レンネット、微生物レンネット、遺
伝子組み換えレンネットなどが使用されている。

（7）幼児期を過ぎてから生の乳を摂取すると腹痛・鼓腸・下痢などの消
化不良を起こす症状を乳糖不耐症と呼ぶ。逆にこれらの症状が起き
ないことを、乳糖耐性があるという。

第4章　土器に残されたミルクの痕跡を求めて

1　日本の遺跡での挑戦

　前章でみてきたように、西アジアやヨーロッパでは、新石器時代における乳製品利用についてのさまざまな新しい事実が、土器残存脂質分析を用いた研究によって、次々に明らかになってきました。本場英国でこの研究手法を習得した私としては、是非とも自分の住む日本の遺跡において、この方法を用いて乳製品利用の証拠を見つけたい、と思ったのは自然の成り行きといえるかもしれません。日本は酸性の強い土壌が災いして、貝塚や甕棺などの例外を除けば、遺跡にはあまり人骨や動物骨は残っていません。したがって、前章で「ミルク考古学の切り札」として紹介したパレオ・プロテオミクスの方法を歯石などに利用して乳製品消費の証拠を確保するのはなかなか難しいのが実情です。しかし、土器ならば、縄文時代以降、近現代までのどんな遺跡からもたくさんの量が出土しますので、提供者の理解が得られれば、資料の確保は比較的容易です。

　着目したのは、古代の地方諸国において、「蘇」のような乳製品を生産し、都に向けて貢納していたという事実です。第1章でも紹

介したように、『延喜式』には蘇の貢進国が記録されており、地方の牧（牛馬の飼養や繁殖を目的として放牧するために公的に設けられた区域）において牛乳を利用した乳製品の生産が行われていたことは明らかです。蘇は乳を煮詰めてつくられる乳製品ですので、土器を用いて煮沸を行った可能性は十分に考えられます。乳製品の生産を行っていた地方の牧の関連遺跡から出土した土器を調べれば、ひょっとしたら乳製品に由来する脂質が検出できるかもしれません。幸いにも、共同研究者の植月学さんが辣腕をふるい、蘇の貢進国の一つである甲斐国の良好な資料を確保してくれました。おかげで、当時私が在籍していたヨーク大学 BioArCh 研究所で、これらの土器に対して残存脂質分析を行うことができました。

　対象としたのは、山梨県百々遺跡です。この遺跡は 9 世紀に出現した大規模な集落遺跡で、平安時代の竪穴住居跡、掘立柱建物跡、土坑、溝など数多くの遺構が発掘調査され、ウマやウシの骨が多く出土したことから（図 4 − 1）、同遺跡の近隣に古代の牧が存在したと考えられました。そこで、平安時代の牧においてどのような動物の利用が行われたかの情報、例えば食肉・皮革加工や搾乳・乳製品加工などに関する情報が、土器に残されていないかを調べようと考えたのです。甕、小甕、ロクロ甕、羽釜などと呼ばれる、異なる形の土器片 15 点からサンプリングを行い、分析しました。

　図 4 − 2 に分析の手順を紹介しています。順にみていきましょう。試料採取（サンプリング）は土器片を削って粉状にする（図 4 − 2 −A）ことから始まります。この時点で、土器という貴重な文化財を削るというのに驚かれる方、拒否反応を示される方も多いかもし

図 4-1　百々遺跡から出土したウシの歯（山梨県埋蔵文化財センター 2004『山梨県埋蔵文化財センター調査報告書 212：百々遺跡 2・4』より）

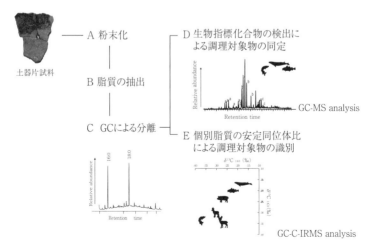

図 4-2　土器残存脂質分析の標準的な手順

れません。しかし、実際に削るのは、装飾などの特徴のない土器の内面で、2cm角前後、深さ数ミリの凹みができる程度の範囲です。もちろん、むやみやたらと遺物を壊すことは厳に慎まなくてはなりませんが、分析者と管理者が十分に話し合って、目的を明らかにして分析を行い、それ相応の対価である新たな知識を得ることができるのであれば、やってみる価値はあると私は思います。そして、それに賛同してくださる方も多くいらっしゃいます。また、この分析には、これまでの方法では明らかにすることができなかった、1点1点の土器片に秘められた貴重な情報を引き出すことにより、それらの遺物としての価値をさらに高めている、という側面もあります。

　さて、こうして粉末となった土器試料は、化学薬品によって処理され、土器が使用されなくなってから長い時間が経過した後も胎土中に取り込まれて残っていた脂質が分離・抽出（図4-2-B）されます。代表的な抽出方法には、酸抽出と呼ばれる濃硫酸とメタノールを用いる方法、溶媒抽出と呼ばれるメタノールとジクロロメタンを用いる方法があります。強い酸や有機溶媒を用いるので、この過程は排気装置などを完備した安全な環境で実施しなくてはなりません。数時間に及ぶ化学処理や加熱・攪拌作業を経て得られた抽出物を、ガスクロマトグラフ（GC）という機械で分析します。GCは、気体や熱で気化する液体に含まれる特定のガスの量（濃度）を測定する装置で、検体に含まれるさまざまな化合物を分離・定量することができます。分析精度が高く、汎用性が高いことから、さまざまな分野で活躍しています。残存脂質分析の研究においては、このGCに、さまざまな検出器を取り付けて測定を行います。水素炎イオン

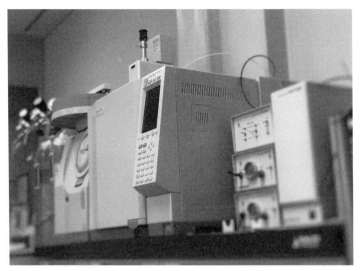

図4-3　奈良文化財研究所で使用しているガスクロマトグラフ質量分析計
（Shimadzu GCMS-QP 2010 Ultra 島津製作所製）

化検出器（FID、図4-2-C）をつなげることで、残存した脂質の
量を測ることができます。また、質量分析計（MS、図4-2-D）
に接続して、GC で分離した個別の化合物を「化学的な指紋」にも
とづいて同定することができます（GC-MS、図4-3）。さらには、
同位体比質量分析計（IRMS）を、試料を燃焼させるインターフェー
スを介して連結することにより、土器に含まれていた個別脂質の安
定炭素同位体比を測定することも可能になっています（GC-c-
IRMS、図4-2-E）。

　上に述べたような安全に化学処理を行える実験スペースと、残存
脂質分析に必要なこれら複数の分析装置がすべて備わっているとこ

ろは世界でもそう多くありませんが、幸運なことに当時私が勤務し
ていたヨーク大学のBioArCh研究所はそのうちの一つで、素晴ら
しい環境が整えられていました。また、この研究所には世界各地か
ら残存脂質分析を学びにやってきた多くのポスドク研究員が勤務し
ていて、互いに助け合いながら切磋琢磨して研究を進めていました
ので、私が分析技術を習得するのには理想的な環境でした。

　さて、GC-FID分析を行った15点の土器からは、すべての試料
において、分析に適する最低値の目安である、1gの試料中に5μg
を上まわる残存脂質が回収されましたので、ミルクに由来する脂質
の検出に向けて、期待が高まりました。GC-MS分析では、酸抽出
による試料から、直鎖飽和脂肪酸（炭素数8から28）、不飽和脂肪
酸（炭素数18）、分枝脂肪酸（炭素数15および17）を検出し、溶
媒抽出による試料からは、動物に由来するコレステロールや、植物
に由来する β-シトステロール、レボグルコサンなどの化合物を検
出しました。一方、魚介類の存在を示す水生生物指標や、蜜蝋など
昆虫由来の生物指標は検出されませんでした。

　GC-c-IRMSにより測定した安定炭素同位体比は、$\delta^{13}C_{16:0} =$
$-31.8‰ \sim -27.6‰$、$\delta^{13}C_{18:0} = -31.7‰ \sim -29.1‰$であり、これを数
百点に及ぶ、日本産のさまざまな既知の動植物試料から得られた値
によって作り出した参照データと比較すると、反芻動物を含む陸獣
および C_3 植物の値に近いことがわかりました（図4-4）。反対に、
個別脂肪酸の安定炭素同位体比がこのように相対的に低い値を示し
たことや、GC-MS分析で水生生物指標が検出されなかったことか
ら、これらの試料が、海産物やサケ科に由来する可能性はきわめて

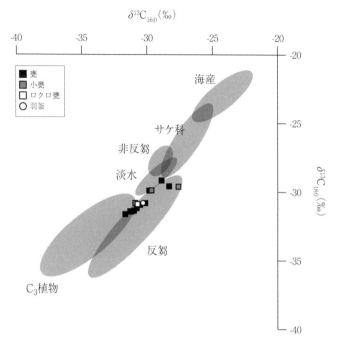

$\delta^{13}C_{16:0}$ (‰)

図4-4　百々遺跡出土土器から抽出した個別脂肪酸の安定炭素同位
　　　　体比（$\delta^{13}C_{16:0}$ と $\delta^{13}C_{18:0}$）。灰色の楕円は、現生あるいは遺
　　　　跡出土の既知の生物種から抽出した個別脂肪酸の安定炭素
　　　　同位体比を基にした参照範囲を示している。

低いものと考えられました。

　第3章ですでに示したように、反芻動物や、そのミルクを峻別する
際の指標となる参照値は、$\delta^{13}C_{18:0}$ から $\delta^{13}C_{16:0}$ の値を引いた $\Delta^{13}C$
です。この値の差を見やすくした散布図が、図4-5です。今回の

分析では、期待に反して、Δ^{13}C が−3.5‰(研究目的に応じた参照データによりこの数値は若干前後します)よりも低い、明らかに乳製品に由来すると考えられる試料は得られませんでした。よって、牛乳が調理加工されていた可能性はきわめて低いといわざるを得ません。ただし前章で紹介した安定水素同位体比を用いた馬乳の検証についてはまだ行っておらず、今後の課題です。

　一方、Δ^{13}C が−1.2‰および−2.0‰を示す試料については、反芻動物の脂肪に由来する可能性が高いことは注目に値します。言うまでもなく、ウシは反芻動物だからです。ここで注意しなくてはならないのは、この時代の日本列島には、反芻動物として、家畜としてのウシの他に、野生のシカが広く分布していることです。Δ^{13}C の値だけでは、ウシとシカを区別することは、原理的にできません。百々遺跡から出土した動物骨の同定標本数をみると、ウシ39点に対し、シカは3点に留まっているので、どちらかといえばウシの可能性の方が高いとはいえそうです。このことから、私たちは、牧の周辺に立地していたこの遺跡において、牛肉・牛脂の調理、煮沸による脂の抽出、コラーゲンの抽出(腱、骨など)などが土器を用いて行われていた可能性を新たに提起しました。しかし、データそのものからは、シカであった可能性も排除できない点には注意が必要ですので、今後別の分析方法を用いて検証を続けていかなくてはなりません。

　この研究では、何より乳製品由来の脂質の検出を期待しましたが、残念ながらその証拠を得ることはできませんでした。ただし、分析した15点の土器から乳製品の化学的証拠が得られなかったからと

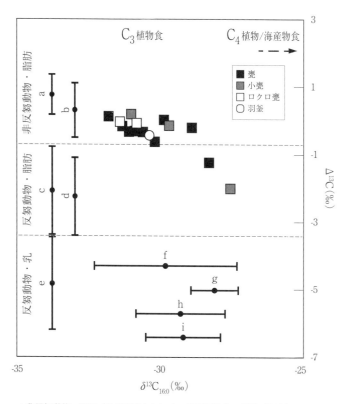

a：非反芻動物・脂肪（地域限定なし）　b：非反芻動物・脂肪（日本）
c：反芻動物・脂肪（地域限定なし）　d：反芻動物・脂肪（日本）
e：反芻動物・乳（地域限定なし）　f：日本産シカ　g：日本産イノシシ
h：ヨーロッパ・イギリス産野生反芻動物
i：ヨーロッパ・イギリス産家畜反芻動物

図4-5　百々遺跡出土土器から抽出した個別脂肪酸の安定炭素同位体
　　　　比（$\delta^{13}C_{16:0}$ と $\Delta^{13}C$）（庄田慎矢ほか 2020「土器残存脂質からみた
　　　　平安時代の牧における動物利用」『日本文化財科学会第37回大会研究
　　　　発表要旨集』日本文化財科学会より転載）

いって、この遺跡で乳製品が加工されていなかったということにはなりません。また、馬乳については未検証の課題として残っています。

このように、東国の牧と関連すると考えられる遺跡での最初の挑戦は、当初の目論見通りにはいきませんでしたが、これで諦めるのは気が短すぎるというもの。今後も、乳製品の生産と関連する可能性のある日本各地の遺跡から出土した土器の調査分析を継続していく予定です。

2　草原の国カザフスタンでの新たな発見

さて、山梨県の百々遺跡出土土器から古代の乳製品に関わる化学的証拠を見つけようとした私たちの試みは見事な空振りに終わってしまいましたが、その後、思わぬところでそれを見つけ出すことになったというエピソードを、次に紹介したいと思います。

私は、英国での2年間の研究生活を終えて帰国した2年後の2020年4月から、奈良文化財研究所国際遺跡研究室長という職を拝命し、それまでの平城宮跡をはじめとする都城遺跡の発掘調査・遺物整理の仕事からは離れ、研究所のさまざまな国際事業を統括・執行することが本務となりました。その業務の一つとして、文化庁の委託による文化遺産国際協力拠点交流事業「カザフスタンにおける考古遺物の調査・記録・保存に関する技術移転を目的とした拠点交流事業」に3年間従事しました。日本の文化財調査・研究・保護に関する技術を相手国に移転することを通じて、お互いの国における文化

財の保護や人材育成に役立てようというプロジェクトです。この事業の中で扱った、カザフスタンの鉄器時代の古墳から出土した土器を分析したところ、まぎれもない乳製品の証拠が次々と得られたのです。数年間、見つけたくてもなかなか見つからなかったのに、見つかる時はこんなにあっさり見つかるものなのか、と少々拍子抜けしたというのが正直なところでした。

　遺跡の話に入る前に、読者のみなさんにもおそらく馴染みの薄いであろう、現在のカザフスタンで食べられている乳製品について、簡単に触れておきます。人生何が起こるかわからないもので、この事業を始めるまでは、カザフスタンどころか中央アジアにすら足を踏み入れたことはありませんでした。ですから、初めて首都のヌルスルタン（当時の名称、現在のアスタナ）市内にあるユーラシア・バザールを訪れた際は、売り場での馬や牛の塊肉の大きさや、ドライフルーツ、香辛料、乳製品の種類の豊富さに圧倒されました。

　フィールドワークと称して、乳製品売り場を物色するうちに、日本ではまずお目にかかれない、ラクダの乳で作ったクルット（団子のような形の乾燥チーズで、通常はウシやヒツジのミルクから作られるとのことですが、ヒツジのほうが脂肪分が多く味わいが優れているそうです。カザフスタンの「ナショナルフード」とも呼ばれています）を見つけて、興味を惹かれてすぐに購入しました。同じようなお店がずらっと並ぶ中で、私たちがその店を選んだからでしょうか、商品を買うと、売り場のご婦人がたいへんご機嫌な様子でしたので、そのお店で売っている他の商品について、通訳さんの助けを借りながら隅々まで質問することができました。

図4-6 カザフスタンの伝統的キビ食品、イリムシック（カザフスタ
ン各地で撮影）

　その中で、不思議なものが目にとまりました。キャラメルのよう
な黄土色の塊で、スポンジのように穴だらけの生地の物体です（図
4-6-4）。ビニール袋に無造作に入れられていたこともあって、
正直あまり美味しそうには見えませんでしたが、その作り方を聞い
て驚きました。「イリムシック」という名前のこの乳製品は、ウシ

とヒツジの乳をまぜて長時間鍋で煮込み、砂糖などを加えて仕上げるものだというのです。乳を長時間煮込むという調理法には、聞き覚えがあります。そう、古代日本の「蘇」と同じ作り方ではありませんか。砂糖を入れることや、ウシだけでなく、ヒツジの乳が入るところは、細かくいえば蘇とは違います。しかし、日本から 6,000km 離れたこの異国の地で、思いがけず似たものを見つけたことに、驚き興奮したのを覚えています。この商品を同じ店で、追加で購入したのはいうまでもありません。そして、見た目から想像していたよりもはるかに美味しいものであったことを、書き添えておきます。

　その後、いろいろな場面でイリムシックを目にするようになり（図4-6）、気になってカザフスタンの料理書にあるイリムシックの項目を調べると、次のように書いてありました。「ヒツジやヤギの乳で作ったイリムシックは、独特の風味があり、固まりません。イリムシックの作り方：牛乳を酸っぱくするために、羊の膵臓から出る発酵物を使います。これを漬け込んで、イリムシックを作るために特別に保存しておきます。イリムシックにはアック（白）とキジル（赤）の2種類があります。アックは新鮮なカードにバターを加えて作ります。通常は、小さな子供やお年寄りに食べさせます。カロリーが高く、保存がきかないので、作ったらすぐに食べなければなりません。キジルイリムシックは赤みが出るまで長く茹でたものです。その後、麻袋に入れ、天日で乾燥させます。よく乾燥したイリムシックは保存性が高く、味が落ちることはありません。昔は、カザフ族の家庭で作られていました。」

　その数年後に訪れた、旧都アルマトイ市内のゼリョーヌイ・バ

ザールでも、イリムシックをはじめ多様な乳製品を目にすることが
できました（図4-7）。一つ一つ名前を聞いても、多すぎてとても
覚えることができません。日本で生活する私は、乳製品というとせ
いぜいヨーグルトや生クリーム、チーズなどが思いつく程度で、数
十種類の乳製品と日常的に接している彼の地とは、ずいぶんと前提
となる知識が違っているようです。このような乳製品の多様性への
理解は、過去における乳利用を研究する際にも、とても重要と思わ
れます。これからも、世界のさまざまな地域において、乳製品を対
象とした「舌のフィールドワーク」を続けていく必要があります。

　さて、このように発達した乳製品文化をもつカザフスタンの地で
はじめて乳が利用された証拠は、青銅器時代の土器の残存脂質分析
によって得られています。2012年に英国エクセター大学のアラン・
オウトラム（Alan Outram）や、すでに登場したリチャード・エ
ヴァーシェッドらが発表した研究では、カザフスタン北部のドンガ
ル、ケント、コネザヴォト、リサコフスクの各遺跡から出土した青
銅器時代終末期（紀元前12〜9世紀）の土器140点が分析され、大
多数が反芻動物の脂肪や乳製品に由来していたことが示されまし
た。乳製品のもととなるミルクの候補にはウシ・ヒツジ・ヤギなど
が考えられますが、これらの遺跡から出土した動物骨の多くはウシ
のものであったので、おそらく主に牛乳が土器で煮炊きされていた
ものと考えられました。

　これに次いで私たちは、アハン・オンガルリ（Akhan Onggaruly）
さんをはじめとするカザフスタンの研究者たちの助けを借りて、オ
ウトラムらの研究で扱われた遺跡の直後の時期である鉄器時代に属

1：豪快に盛られた白色と褐色のイリムシック
2：にょろにょろとした裂ける燻製チーズ "チェーチル"
3：各種のクルット
4：手前から順に、ブリヌザ（固いバターのようなもの）、スメタナ（サワークリーム）、トゥバロク（カッテージチーズ）

図4-7　カザフスタン各地での乳製品市場の様子。ゼリョーヌィ・バザール（アルマトイ）の乳製品売り場にて撮影。

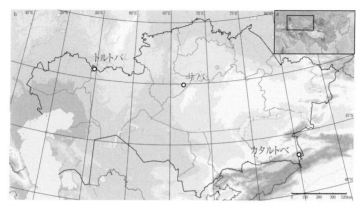

図4-8 分析対象となったカザフスタンの遺跡の位置（aのユーラシア広域地図の中のbの範囲を表示）

しつつ、国内の別々の地域の遺跡から出土した土器数十点を分析しました。対象としたのは、カザフスタン東南部のカタルトベ（Катартобе）遺跡、中部のサバ（Саба）遺跡、そして西部のトルトバ（Тортоба）遺跡です。遺跡の位置を図4-8に示しました。

　カタルトベ遺跡（図4-9）はカザフスタンの国土の東南隅、中国との国境付近の高地に位置する埋葬遺跡です。盆地の周縁部の斜面に立地し、現地の言葉で「列をなす丘」を意味するその名の通り、60基以上の墳丘が北西から南東方向に直線的な列を形成する古墳群です。2015年から3年間、カザフスタン共和国国立博物館と、大韓民国国立文化財研究所（当時、現在の国立文化財研究院）との共同発掘調査が行われました。出土土器の中から鉄器時代の土器片20点を選別し、分析しました。

1：2号墓群1号クルガンの発掘前全景
2：2号墓群1号クルガン遺構露出状況
3：2号墓群1号クルガン墓坑内人骨および遺物出土状況
4：2号墓群1号クルガン遺構実測図

図4-9　カタルトベ墳墓群（Akhan Onggaruly 氏提供）

　国土中央部の平原地帯に位置するサバ遺跡（図 4 -10）は、東に
緩斜面をもち、南側で川に接する河岸段丘に立地し、大きさの異な
る 26 基の墳丘からなる墳墓遺跡です。これらの墳丘は相互に 0.9〜
1.8 km の距離をおく 2〜4 基のグループに分かれています。この遺
跡では紀元前 2 千年頃から紀元前 3 世紀頃までの長期間にわたって
墳墓や積石構造物が築造されましたが、私たちはこれらから出土し
たもののうち、鉄器時代の土器 11 点を分析しました。

　カザフスタン西北部、ロシア国境付近に位置するトルトバ遺跡（図
4 -11）は、 2 つの河川の間の高台に立地し、遺跡の主要部分は北
西から南東に延びる 6 基の墳丘からなっています。地磁気探査の結
果、この遺跡には他にも、小さな積石塚と 4 つのモニュメントがあ
ることが明らかにされています。この遺跡から出土した、鉄器時代
の土器 17 点について分析を行いました。

　さて、残存分析の手順自体は、百々遺跡の土器を分析した時と同
一ですが、大きく異なるのは、これらの遺物については、今度は奈
良文化財研究所の自前の実験室で試料の処理と分析の大部分を行っ
たという点です。実験室を立ち上げるというのは、物品や設備の設
置の苦労だけでなく、清掃や機械の保守・点検・操作、安全衛生面
での管理や薬品・器具の取り扱いなど、苦労が絶えないことを身を
もって学びました。今となっては良い経験になったと振り返ること
もできますが、当時、特に孤軍奮闘した初期の頃は、必死でもがく
毎日でした。

　それはさておき、新たに加わった仲間たち、そしてヨーク大学の
元同僚たちと苦労して得た分析結果は、非常に興味深いものでした。

1 ： 2 号墓群 1 号クルガン発掘前全景
2 ： 2 号墓群 1 号クルガン石槨検出状況
3 ： 2 号墓群 1 号クルガン内土器出土状況

図 4 -10　サバ遺跡のクルガン発掘調査の様子（Akhan Onggaruly 氏提供）

100

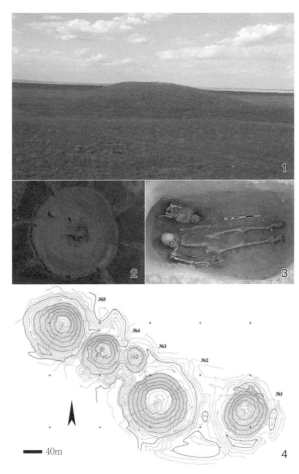

1：6号墓発掘前全景
2：完掘した6号墓の地上構造物を上空から撮影
3：6号墓主体部人骨出土状況
4：トルドバ遺跡における墳丘の分布
　　（等高線間隔は、太線が1m、細線が20cm）

図4-11　トルトバ墳墓記念物複合（Akhan Onggaruly氏提供）

3遺跡のいずれからも、−3.5‰を下回る $\Delta^{13}C$ の値を示す試料が複数得られたのです。これらはまぎれもない、土器による乳製品加工の化学的証拠です。特に、サバ遺跡においては、安定炭素同位体を測定できた土器胎土試料4点のうち3点の試料でミルク由来の脂質が含まれている可能性が非常に高く、他の2遺跡よりも乳製品の比重が大きいことがわかりました（図4-12）。先行研究によって青銅器時代の北カザフスタンで確認されていた乳製品の伝統は、カザフスタン中央部の鉄器時代にも引き継がれていたようです。また、土器の内面に付着した炭化物の分析でも、やはり乳製品と対応する同位体比が得られました。

　言うまでもないことですが、ミルクのように、液体であり、かつ有機物である物体は、そのままの形では遺跡に残りません。したがって、土器をまじまじと観察していても、その土器がミルクを煮炊きしたかどうかは、当然わかりません。残存脂質分析という分析のメガネを通してカザフスタン先史時代の乳利用に関する新たな知識を生み出すことができたのは、痛快というより他ありません。しかし、人間の知識欲には際限がないのです。というのも、$\Delta^{13}C$ の値からは、この土器の中身が乳製品であったことを示しても、それがどのような乳製品であったのかまでを知ることはできません。上で紹介したように、現在のカザフスタンにおいては実に多様な乳製品が作られていることを考えると、より詳しいことが知りたくなり、この結果だけでは少し物足りない気もします。

　ここで、幸運なことに、もう一つの発見が、新たな知見をもたらしました。乳製品を加工したと考えられる土器の中には、ミリアシ

102

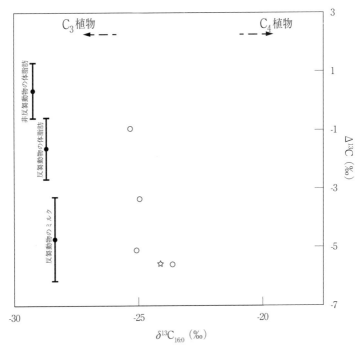

○：土器胎土試料　☆：付着炭化物試料

図 4 -12　サバ遺跡出土土器および付着炭化物の残存脂質分析の結果
　　　　　（Murakami, N. *et al.* 2022 Lipid residues in ancient pastoralist pottery
　　　　　from Kazakhstan reveal regional differences in cooking practices.
　　　　　Frontiers in Ecology and Evolution, 10：1032637, Figure 5 を加工）

ン（$C_{31}H_{52}O$、3 β-メトキシオレアナ-18-エン）という、キビに特徴的な化合物をもつものが多数みられたのです（図4-13）。特に、カザフスタン東南部に位置するカタルトベ遺跡では、安定炭素同位体を測定できた9点のうち7点の試料でミリアシンが検出され、そのうちの多くはミルクとキビが混合されていたか、ミルクを加工したのと同じ土器でキビが調理されていることがわかりました（図4-14）。また、トルトバ遺跡でも、乳製品加工に用いられた土器から植物ステロールやミリアシンが検出されており、やはりミルクと植物が混ぜられて調理されていた可能性が考えられました（図4-15）。

　ミリアシンは、北海道帝國大學の伊藤半右衛門博士が1934年にキビから抽出して得た新化合物をそう名づけたもので、出土遺物から初めてこの化合物の抽出・同定に成功したのは、何を隠そう私自身です。2015年の出来事でした。ミリアシンは、キビの種子の部分に特徴的に含まれるというだけでなく、アワをはじめ他の穀物類にはみられないという特徴がありますので、キビの存在を知らせる生物指標（バイオマーカー）としての役割を果たします。ミルクが煮炊きされていた土器では、キビも煮炊きされていたのです。

　つまり、カザフスタンを旅行した際にホテルの朝食で出たような、キビのミルク粥（図4-16）、あるいはナウルズ（春の訪れと農業の開始を祝うお祭）のお祝いの際に必ず食べるというナウルズ・クジェ（図4-17）という、キビを含む穀物と肉・乳製品を混ぜたような料理と似たような調理法が、2000年以上前のカザフスタンでも行われていた可能性がうかがい知れます。

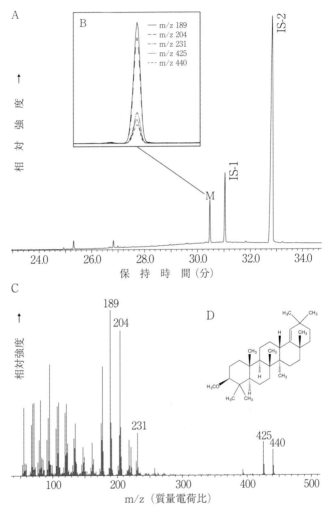

図4-13　カタルトべ遺跡出土土器から検出されたキビの生物指標
ミリアシン（Murakami, N. *et al.* 2022 Lipid residues in ancient
pastoralist pottery from Kazakhstan reveal regional differences
in cooking practices. *Frontiers in Ecology and Evolution*, 10 :
1032637, Figure 4 を加工）

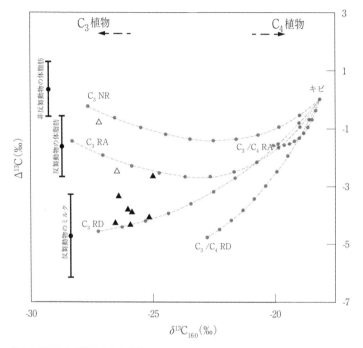

黒：ミリアシンが検出された試料

　灰色の数珠繋ぎの曲線は、キビとそれぞれの食材が混合された時にどのような同位体比を示すかをモデル化し、データの解釈を助けるためのもの。両端にある食材を混合した際の脂肪酸量の割合を 10% ずつ変えて表示している。

　C₃NR：C₃植物を餌とする非反芻動物
　C₃RA：C₃植物を餌とする反芻動物の体脂肪
　C₃RD：C₃植物を餌とする反芻動物の乳脂肪
　C₃/C₄RA：C₃・C₄植物両方を餌とする反芻動物の体脂肪
　C₃/C₄RD：C₃・C₄植物両方を餌とする反芻動物の乳脂肪
　図 4-15 も同様

図 4-14　カタルトベ遺跡出土土器の残存脂質分析の結果（Murakami, N. *et al.* 2022 Lipid residues in ancient pastoralist pottery from Kazakhstan reveal regional differences in cooking practices. *Frontiers in Ecology and Evolution*, 10：1032637, Figure 5 を加工）

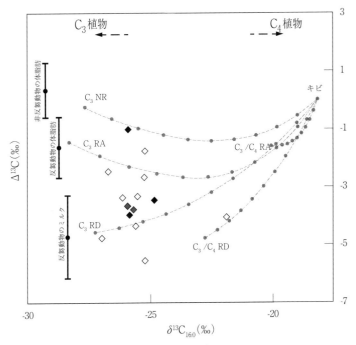

黒：ミリアシンが検出された試料、灰：植物ステロールが検出された試料
灰色の数珠繋ぎの曲線に関しては図4-14を参照のこと。

図4-15 トルトバ遺跡出土土器の残存脂質分析の結果（Murakami, N. *et al.* 2022 Lipid residues in ancient pastoralist pottery from Kazakhstan reveal regional differences in cooking practices. *Frontiers in Ecology and Evolution*, 10：1032637, Figure 5 を加工）

　また、個別脂肪酸の安定炭素同位体比がきわめて高い試料（図4-12や図4-15でグラフの右側寄りにプロットされるもの）については、この土器で煮炊きされたミルクを出した動物に、アワやキビな

どのC_4植物が餌として与
えられていた可能性が考え
られます（第3章の "You
are what you eat ate" を
思い出してください）。搾
乳対象となった動物の餌に
ついても、新たな知見が得
られたのです。

　このように、私たちの国
際共同研究によって、カザ
フスタンの鉄器時代におけ
る家畜の利用や乳製品の加
工調理、消費についての新
たな知識が生み出されまし
た。今後は、土器だけでな
く、埋葬された人骨の歯に
付着した歯石のプロテオミ
クス分析などを組み合わせ
ることによって、乳製品の
より細かな種類や利用のあ
り方について、さらに研究
が進むことが期待されま
す。

図4-16　キビのミルク粥

図4-17　ナウルズ・クジェ

第5章　ミルク考古学のこれから

　前章では、考古生化学のメスが、過去のミルクや乳製品利用に関するさまざまな局面に切り込み、次々に新事実を明らかにしてきたことを、私たちの研究成果を交えて紹介しました。数十年前には研究テーマとして取り組むことすら想像もできなかったような事柄が、最近になって驚くべき速度でわかってきたことは確かです。しかし、私はこの分野は今後さらに発展することを信じて疑いません。そのことを感じさせる先駆的な研究事例について、本書の締めくくりであるこの章で紹介することにします。

1　ふたたびミルク・パラドックス

　第1章では、現在の地球上でこれだけ膨大な量の乳が消費されているにもかかわらず、多くの人が遺伝的に乳糖を消化できないという、「ミルク・パラドックス」について紹介しました。過去のミルク利用の実態が次々と明らかにされている現在でも、この謎はあいかわらず謎のままです。人類が遺伝的に乳糖耐性を獲得する数千年前から、すでに乳製品が土器によって調理加工されている証拠が見つかってしまったのですから、乳糖耐性のない人類が数千年もの間

ミルクをどのように摂取してきたのか、部分的には土器によって加熱することで乳糖を減らしていたと解釈されるものの、むしろ謎は深まったといえるでしょう。

　乳製品の消費とヒトの腸内微生物叢との関係に注目してこの問題に取り組んだのが、第3章でも登場したクリスティナ・ワリナーとジェシカ・ヘンディを代表とする、マックスプランク人類史科学研究所（当時）のグループによる研究プロジェクト、「Heirloom Microbes（伝家の微生物）」です。このプロジェクトでは、考古学、微生物学、食品科学、文化人類学という異なる分野の学問領域の専門家たちが協力して、ヨーロッパ、中東、中央アジアを舞台に、酪農に関わる微生物の多様性や、微生物がヒトの生物としてのあり方や食品に与える影響を明らかにしていきました。その背景には、現代社会における「微生物の絶滅」状況があります。

　この本でもみてきたように、数千年前の新石器時代に、ヨーグルトやチーズなどの乳製品が発明された時、ヒトは微生物の存在を知るはずもなかったわけですが、それらをいわば家畜化し、巧みに操作することに成功しました。しかし、21世紀における食品発酵に関わる微生物株は、衛生基準を満たすため、あるいは食品加工の再現性を維持するために、高度に規制されています。これによって、古代から引き継がれた食品加工に関わる微生物の多様性や、その多様性が食品の風味や食感に与えたであろう影響について、多くが科学的知識として位置づけられないままに失われてしまっています。さらに、現代社会における食のグローバル化と工業化の結果、伝統的な酪農の方法と、世代を超えて培養され、受け継がれてきた微生

物群が、驚くべき速さで失われつつあるのです。

　こうした背景のなかで、味、香り、食感において複雑さと多様性をもつ乳製品こそは、人間の文化が微生物の生態系を成長させ、繁栄させてきたことの象徴的なものです。したがって、伝統的な乳製品に存在する細菌株の特徴を明らかにし、その遺伝子を同定することが、「微生物の絶滅」に立ち向かう科学者たちの使命、というわけです。

　そして、乳製品が大人の食事に取り入れられ、乳糖耐性が進化したことは、遺伝子と文化の相互作用を示す最も明確な例の一つとして、とりわけ重要です。時代がさかのぼるほど、牛乳が乳糖不耐症の症状を起こさないように、消化に良く栄養価の高い食品になるように、高度に処理する工夫がなされていたはずであり、そこに微生物が重要な役割を果たした可能性が高いことがわかっています。

　本書でみてきたような、古代のタンパク質や脂質、DNA の分析に象徴される考古科学的方法を用いて、古代の土器や歯石から乳製品の痕跡を見つけ出すことで、これらの製品がどのように、そしてなぜ、ヒトの遺伝的特徴に影響を及ぼしたり、数千年にわたる人類の文化を形成したりするほど強力だったのかが、さまざまな研究成果によって少しずつ明らかになりつつあります。

　例えばモンゴルでは、現在 70 種類以上の乳製品が作られ、主要な食料として多く消費されています。そしてそれらの原料として、ウシ、ヒツジ、ヤギ、ウマ、ヤク、トナカイ、ラクダの 7 種類の家畜の乳をしぼっている酪農大国です。しかし、実は現代のモンゴルの人々は、遺伝的には乳糖耐性をもたない人が 95％ 以上の大多数

を占めます。この現象はまさに、ミルク・パラドックスの典型例と
いえるでしょう。

「伝家の微生物」プロジェクトによる研究では、紀元前1300年か
ら紀元前900年頃のモンゴルの遺跡から出土した9体の人骨から歯
石を採取し、主要なタンパク質を分析しました。その結果、ヒツ
ジ、ヤギ、ヤクやウシなどの乳タンパク質が検出されました。した
がって、これらの動物の乳を用いた乳製品の摂取は、少なくとも
3000年以上前にまでさかのぼることがわかりました。しかし、タ
ンパク質の分析を行ったのと同じ人骨の歯と足の骨から採取した
DNAは、この人びとがみな、乳糖不耐症であったことを示してい
たのです。

ワリナーらは、モンゴルの乳製品づくりを現地語でチャート化し
て、徹底した聞き取り調査を行いました(図5-1)。モンゴルでは、
スターターと呼ばれる細菌培養液を代々受け継いでおり、その作業
は通常、女性によって行われています。母親から受け継いだ菌が、
祖母から受け継いだ菌であることが多いといいます。つまり、これ
らの微生物は何百年も前から引き継がれてきて、現在も生きている
可能性があるのです。

しかし、ワリナーらがモンゴルで最初に乳製品に関わる微生物の
収集を依頼したとき、遊牧民は自分たちの製品に細菌が含まれてい
ることを否定しました。現地では、細菌は病気を引き起こす有害な
ものだと考えられていて、有益な微生物や食品微生物については知
られていなかったのです。代々受け継いできたスターターカル
チャーについて、それを保存するための皮と木の容器が、これらの

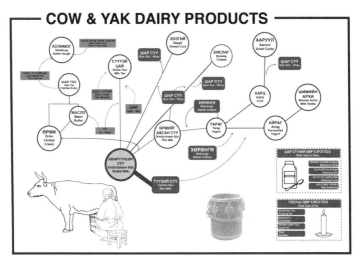

図 5-1 現代のモンゴルにおける乳製品づくりとその名称のチャート
（Heirloom Microbes project, Christina Warriner, Jessica Hendy, and
Björn Reichhardt 提供）

細菌集団を長期にわたって維持するために重要であるということさ
え、知られていませんでした。
　容器として使われる多孔質の器には、乳製品を作ることによって
乳酸菌が接種されることになります。その結果、その容器には病原
菌も含めて他の細菌が寄りつかなくなり、容器自体が乳製品を作る
のに望ましい微生物集団を長期にわたって維持するのに役立つよう
になるのです。伝統的な遊牧民の酪農の方式は、病原菌に自然に打
ち勝つ「善玉菌」の繁殖を促進するものだったのです。
　モンゴルで進みつつある酪農産業化について、このプロジェクト

は警鐘を鳴らしています。その背景には、ヨーロッパの実験室で培養されたスターターカルチャーがこの地域に導入されつつあるという現状が存在します。つまり、高度に制御された条件下で生産された実験室産の菌株が、草原を舞台としたモンゴルの伝統的な酪農を支えてきた微生物の生態系を破壊してしまう危険性を指摘しています。文化的背景を考慮せず、良かれと思って導入した技術が、乳製品の安全性を低下させ、遊牧民の生活を根底から覆す結果になりかねない、というわけです。

　また、微生物は乳製品の加工プロセスを助けるだけでなく、人びとの健康や消化にも関与している可能性があるといいます。伝統的な乳製品に含まれる微生物は腸内細菌叢を健全に保つのに役立っていますが、工業化された微生物培養に切り替えると、その効果が失われてしまう可能性があるのです。

　このプロジェクトの特徴の一つとして、研究を通じて得られた知識を積極的に地域社会に還元し、より良い社会を体現していくための積極的な対話を進めている点があります。これらの成果は、多くの美しく雄弁な写真とともに、ウェブ上で公開⁽³⁾されていますので、ぜひご一読をお勧めします。また、この研究プロジェクトは現在、マックス・プランク進化人類学研究所の「Dairy Cultures」プロジェクト（https：//dairycultures.org）に引き継がれています。

　さて、この他にも、乳の消費と乳糖耐性の関係については、世界各地で研究が進んでいます。例えば、第3章でも登場したブリストル大学のリチャード・エヴァーシェッドが主導する大規模研究プロジェクト「NeoMilk：The milking revolution in temperate Neolithic Europe（ネオミルク：新石器時代の温帯ヨーロッパにおける搾乳革命）」があります。このプロジェクトは、人類の乳糖耐性についての2つの仮説を検証しています。つまり、新石器時代の初期に酪農が始まるまではきわめて低かった乳糖耐性遺伝子頻度がその後自然選択により急速に上昇したという「文化史的仮説」が正しいのか、あるいは、そもそも乳糖不耐性遺伝子頻度が高い集団が酪農を採用したという「逆原因仮説」が正しいのか、を問うています。550の遺跡から出土した7,000点あまりの土器から抽出した脂質のデータをもとに、ヨーロッパやアフリカにおける過去の乳利用の推移を復元したところ、乳糖耐性の獲得は、乳の消費量の多寡に影響を受けたのではないことがわかりました。そして、乳糖耐性の頻度と人口変動・定住密度との関係を検討したところ、おそらく飢饉や疫病と乳糖耐性が優勢になることの間に相関があるとしました。乳糖耐性をもたないヒト個体は、乳製品が入手可能な状況ではこれを積極的に消費して生存したものの、飢饉や疫病の場合には乳糖誘発性下痢が致命的な状況をもたらすため、これが生存に不利であったため淘汰された、という新説です。やや品のない名称ではありますが、「下痢淘汰仮説」とでも名付けられるかと思います。しかし乳糖不耐の人びとは本当に下痢で淘汰されていってしまったのでしょうか。ミルク・パラドックスはますます難解度を増しているようにもみえます。

　そもそも、ヨーロッパの最初の農民たちは、乳糖不耐でした。ヨハネス・グーテンベルク大学のヨアキム・ブルガー（Joachim Burger）らによる研究で明らかになった事実です。ヒトは、土器を用

いて乳を加工することにより、ミルクを摂取していたのです。この状況は意外なほど長く続きます。ドイツ北部のトーレンセ（Tollense）では、約3200年前に戦死した数百体の人骨が発掘されました。同じくブルガーらにより、ここで発掘された人骨のうち14個体のDNA配列が決定されました。その結果、兵士たちはすべて中央ヨーロッパ、つまり現在のドイツ、ポーランド、チェコにあたる地域出身であることがわかりました。そしてこれらすべての個体が、乳糖不耐であったのです。

　このように、ヨーロッパやアフリカ、中央アジアなど世界各地での状況をみていくと、エヴァーシェッドらが示したように、牛乳の常飲が必ずしも乳糖耐性の普及を促進するわけではないことは確かなようです。例えば、牛乳を飲む中央アジアの牧畜民に乳糖耐性が生じることはほとんどありませんが、牛乳を飲まない東アフリカのハザ族狩猟採集民には乳糖耐性の生物学的徴候がしばしば出現するといいます。いろいろなことが明らかになったようで、ますます謎が深まるミルク・パラドックスをめぐって、今後も次々と新しい研究が出てくることでしょう。

2　微生物の考古学

　さて、上にみてきたように、乳製品の研究と、微生物の研究は切っても切れない関係にあります。バクテリア、古細菌、真核生物など単細胞生物とヒトとの関わりを時代をさかのぼって明らかにしようとする微生物の考古学は、無限の可能性を秘めた、非常に新しい研

究分野です。遺跡から出土するさまざまな物質が研究の対象となりますが、例えばミイラは、格好の研究材料の一つです。

　エジプトのツタンカーメンと並んでおそらく世界で最も有名なミイラであり、エッツィ（Ötzi）の愛称で知られるアイスマンこと、アルプスで見つかった新石器時代のミイラの胃の中身からも、微生物の遺伝子が抽出されています。パルマ大学のマルコ・ヴェントゥラ（Marco Ventura）らが 2017 年に発表した論文では、5つの古代細菌ゲノムの配列が再構築されました。DNA 分析技術の飛躍的発展が、このような新発見を後押ししているのはいうまでもありません。

　このエッツィを保管・研究しているのが、北イタリアのボルザノにある、その名も「ミイラ研究所（Istituto per to studio delle mummie)」です。この研究所では、ミイラ以外にもさまざまなものを対象に遺伝学的研究が進められています。ミルクに関連するものとしては、2021 年に発表されたフランク・マクスナー（Frank Maixner）らによる論文で、人糞の化石（糞石、コプロライト）からチーズの発酵に関わる微生物を発見したという、驚くべき成果が発表されています。

　オーストリア、北アルプスの標高 800〜1400 メートルに位置するハルシュタット（Hallstatt）鉱山では、現在でも岩塩の採掘が行われていますが、採掘の歴史が 7000 年前にまでさかのぼることが明らかにされています。考古学者によって「ハルシュタット文化」と呼ばれる時期、紀元前 1000 年から紀元前 500 年の間に、そこで活動していた人びと約 4000 人が埋葬されました。ここでは、地表下

100 メートル程度までが掘り下げられ、岩塩の採掘が行われていました。先史時代のものとはいえ、その規模は産業化後のそれと遜色のないものです。青銅器時代の坑道は、長さ 200 メートル、高さ 20 メートル前後の大規模な坑道が長期間にわたって採掘された続けたものです。

　岩塩を採掘する際、鉱山労働者は、壊れた道具や作業の材料などを坑道に投げ入れました。その残骸がいわゆる鉱山廃棄物であり、そこには数メートルに及ぶ、6 つの層が見つかっています。塩分濃度のきわめて高い堆積環境のために、実に多くの有機物が完全な状態で保存されていました。例えば、木の食品容器、マントのような革製品、リュックサック、衣服、そして人糞などです。これらは普通の遺跡では残ることがきわめて稀ですので、非常に貴重な発見といえるでしょう。

　これらのうち人糞の化石（コプロライト）については、4 点の試料を対象に顕微鏡観察と徹底した分子生物学的分析が行われました。これにより、鉱夫の腸内細菌叢と食生活の復元が試みられたのです。放射性炭素年代測定によって、これらの試料は青銅器時代（紀元前 12 世紀頃）、鉄器時代（紀元前 6 世紀頃）、バロック時代（紀元後 18 世紀頃）のものであることがわかりました。これに続き、コプロライトの中に残っている DNA、微生物叢中のヒトの DNA、植物と動物の DNA がそれぞれ分析されました。そしてさらに、これらの DNA データが、プロテオミクスデータと対照されました。

　これらの試料から復元された腸内細菌叢は、現代の西洋化した腸

内細菌とは異なることがわかりました。植物質のものとしては、キビ、オオムギ、コムギなどの栽培植物が、顕微鏡レベルだけでなく、DNA・タンパク質のレベルでも確認されました。動物食については、主にブタとウシにみられる寄生虫が確認されました。そして興味深いことに、鉄器時代のサンプルのタンパク質は、主に血液と相関性のあるタンパク質で構成されていたのです。食肉加工が工業規模で行われていたと解釈されています。

　次に、真菌群を詳しくみてみると、ペニシリウム・ロックフォルティ（*Penicillium roqueforti*）とサッカロミセス・セレビシエ（*Saccharomyces cerevisiae*）の DNA が非常に多く存在していたのです。どちらも現代の食品加工に関与しています。この2つの菌のゲノムを解析したところ、かなりの深さまで再構築することができました。遺伝子の断片化として確認される損傷パターンを示していたのです。チーズの発酵に環境株が関与していることは、すでにかなり理解されていますが、この時代には非ロックフォール・チーズとロックフォール・チーズの遺伝子が混在していたことがわかりました。[4]なお、この遺跡では、チーズ漉し器と推定される遺物が塩鉱山の中で発見されています。

　面白いことに、乳製品と関わりのある菌類の多くは、洞窟環境で見られる菌類と共通しているといいます。このことは、ロックフォールなどの熟成チーズの生産が、洞窟環境の中で発達してきたことを示唆しています。このように、微生物の考古学は、チーズやヨーグルトなどの乳製品の種類にとどまらず、チーズの中身にまでメスを入れ始めました。分析技術の飛躍的な進化が、過去におけるヒトと

の微生物の関係をどう明らかにしていくのか、目が離せません。

3 脂質とタンパク質の複合的アプローチ

　第3章では、考古生化学的なミルク研究の方法として、脂質分析とプロテオミクス分析を紹介しました。ここでは、この2つの手法を組み合わせて応用した研究を紹介しましょう。ヨーク大学のミランダ・エヴァンス（Miranda Evans）らは、チーズづくりを行った現代の実験製作土器（チーズボウルと濾過器）と、ポーランドの新石器時代後期（紀元前3600〜3100年頃）のスワヴェチーネク（Sławęcinek）遺跡出土の、「襟付きフラスコ」および「濾過器」と呼ばれる土器を分析しました。

　土器胎土そのものからのタンパク質抽出はきわめて難しいことが知られていますが、これらの実験土器やポーランドの出土土器には、第3章で紹介したヘンディらによるチャタルフユクの事例のように、カルシウムの豊富な白色の付着物がみられました。これがタンパク質分析の対象となったのです。4点の考古試料に対するLC-MS/MS を用いたプロテオミクスによる分析の結果、ヒツジまたはヤギの乳と、ウシの乳の両方が用いられていたことが明らかになりました。また、検出されたタンパク質はカゼインが多い傾向があり、β-ラクトグロブリンが優勢であったこれまでの歯石や土器付着物の結果とは対照的でした。

　図5-2に示したように、原料乳からさまざまな乳製品が生成される過程では脂質・タンパク質・乳糖・水の割合が大きく変化しま

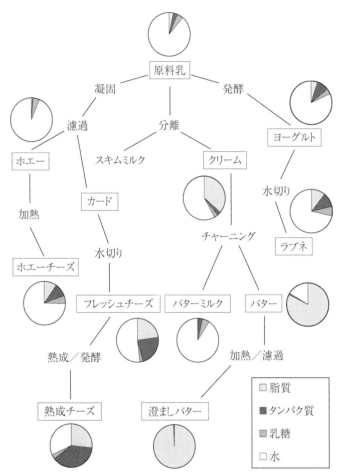

図5-2 乳製品の加工過程における脂質・タンパク質・乳糖・水の割合の変化を単純化した模式図（Evans, M. *et al.* 2023 Detection of dairy products from multiple taxa in Late Neolithic pottery from Poland: anintegrated biomolecular approach. *Royal Society Open Science*, 10: 230124. より加工転載）

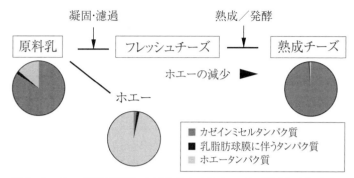

図5-3 チーズ製造過程における異なる乳タンパク質画分（カゼイン
ミセルタンパク質、乳脂肪球膜関連タンパク質、ホエータン
パク質）の割合の変化に関する模式図（Evans, M. *et al.* 2023 De-
tection of dairy products from multiple taxain Late Neolithic pot-
tery from Poland：anintegrated biomolecular approach. *Royal Soci-
ety Open Science*, 10：230124. より加工転載）

す。このため、どの生体分子を分析対象とするかによって特定の乳
製品の同定のしやすさが影響されることになります。また、図5-
3のように、乳由来のさまざまなタンパク質そのものも、乳製品へ
と加工される過程でそれぞれの組成に変化が生じます。例えば乳を
チーズに加工するために分離を行った場合、カゼイン類は沈殿物の
カードに、β-ラクトグロブリンは上ずみのホエー（乳清）に集中
的に含まれることになります。それならば、抽出されたタンパク質
の違いは、その土器の中にあった乳製品の違いを示すのでしょうか。
しかし、この研究では、問題はそう簡単ではないということを的確
に指摘しています。実は、実験土器から検出されたタンパク質は、
ボウルと濾過器で大きな差を示さなかったのです。もしカードとホ

エーのタンパク質の違いが反映されているならば、カードが残る濾過器の試料は、ボウルのそれよりもカゼインが多く含まれるはずですが、実際はそうではなかったのです。ですから、遺物で確認されるタンパク質の種類の違いは、保存状態の変化などに影響された自然の分解などの未知の要因が関わっているのかもしれません。

　一方、上記の4点にさらに6点を加えた考古資料を対象とした残存脂質分析では、10点中4点で $\Delta^{13}C$ の値が-3.3‰を下回り、乳製品由来の脂肪が含まれていたことが強く示唆されました。しかし注目すべきことに、$\Delta^{13}C$ の値が-3.3‰よりも高い試料6点のうち3点は、プロテオミクス分析によって乳製品由来のタンパク質が検出されたものでした。つまり、乳製品と他の食材が混合されることによって、同位体比だけでは乳製品の存在が認識できなくなっていた、ということです。

　このように2つの分析方法を1つの試料に適用し、両者の結果を比べることによって、それぞれの長所と短所をよりよく理解することが可能となりました。つまり、タンパク質分析の利点は、動物の種類を見分けることができることや、加工工程の違い（図5-2）を復元できる可能性があることです。しかし、タンパク質が残存している試料はきわめて少ない、という短所もあります。一方、脂質分析の利点は、遺物中に残存している可能性がタンパク質よりもはるかに高いということと、他の食材との混合がより見やすいこと、そして付着物ではなく土器胎土そのものから抽出可能であることなどがあげられます。

　なお、この研究結果を参考にすれば、第3章で紹介したエヴァー

シェッドらによる莫大な数の分析試料のうち、彼らが指標とした
Δ¹³C の値が−3.1‰より高い値をとる試料の中にも乳製品が含まれ
ていた可能性が強く示唆されます。つまり、彼らが主張したよりも
さらに、過去の土器による乳製品の加工は盛んだったことになりま
す。今後も、上記のような複合的なアプローチによって、乳製品加
工のさまざまな姿が明らかになっていくでしょう。

　4　人間のミルク――授乳と離乳――

　最後に、私たち人間のミルクについて触れて、この本を締めくく
りたいと思います。先史時代の人びとは、どのように赤ん坊に授乳
をし、離乳させていたのでしょうか。考古学でこのような問いかけ
をすることは、前世紀まではとても考えが及びませんでしたが、最
近の考古生化学の研究が、新しい知見を提供しています。

　現代の私たちに親しみのある粉ミルクは、19世紀後半のヨーロッ
パで製造が始まり、日本で用いられるようになったのは20世紀に
入ってからといわれています。WHO（世界保健機関）も、理想的
な成長、発達、健康を促すために、生後6カ月まで母乳のみの育児
を行い、その後は適切な食事を補いながら2歳半かそれ以上まで母
乳を与え続けることを推奨しています。

　では、このような母乳による育児は、人類始まって以来、粉ミル
クの導入まで、数百万年の間途切れることなく続いてきたものなの
でしょうか。現代のさまざまな民族事例を比較した研究を参考にす
ると、授乳・離乳のあり方は、地域や時代によってきわめて多様で

あることがわかります。現代でさえ授乳に関する多様なあり方がみられるのですから、いわんや過去をや。2つの考古生化学的な方法が、この問題へのアプローチに一役買っています。

　1つめは、第3章で紹介した、安定同位体を用いる方法です。遺跡から出土するヒトの骨や歯を対象に、その安定同位体比を測定します。授乳という行為を同位体化学的に捉えるならば、母親が「被食者」、乳児が「捕食者」という関係とほぼ同等で、乳児の窒素同位体比は母親のそれよりも2〜3‰ほど高くなることがわかっています。乳児をかかえて死んでしまった悲劇を想像するのはとても胸が痛みますが、この関係は遺跡から出土する母と乳児の人骨においても同様に見られることが期待できます。ただし、実際の出土人骨の中から母子関係にあった2つの個体を同定することは難しいので、1つの墓地遺跡から出土した複数の成人女性と、複数の小児の間での比較を行うことが現実的です。ブラッドフォード大学（当時、現在はサイモン・フレイザー大学）のマイケル・リチャーズ（Michael Richards）らによるイギリスの中世の遺跡の墓地での分析結果では、2歳ごろを境に安定窒素同位体比に明瞭な変化が見られました（図5-4）。

　日本では、京都大学（当時、現在は総合研究大学院大学）の蔦谷匠らによって、出土人骨の安定同位体分析を用いた縄文時代や江戸時代の離乳についての研究が行われました。前者の研究では、縄文時代の吉胡貝塚（愛知県）から発掘された小児の骨（46個体）と成人の骨（47個体）が分析され、3歳半頃に離乳が終わっていたと判断されました。これは、現代に知られる狩猟採集集団の離乳終

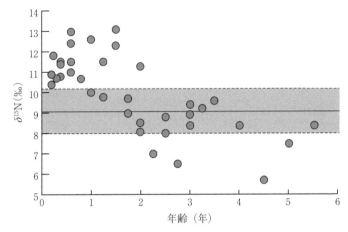

実線：この遺跡における成人の安定窒素同位体比の平均値
点線：その平均値からの1標準偏差
2歳を境に、安定窒素同位体比が落ち込む、つまり授乳が行われなくなったか低調になったかがみてとれるとともに、2歳以降では成人よりも幼児のほうが低い値を示すため、成人よりも植物の摂取量が多かった可能性がある。

図5-4　中世のウォーラム・パーシー墓地出土（イギリス、東ヨークシャー州）の幼児・子供の骨コラーゲンの安定窒素同位体比（δ¹⁵N）(Jay, M. 2009 Breastfeeding and Weaning Behaviour in Archaeological Populations : Evidence from the Isotopic Analysis of Skeletal Materials. *Childhood in the Past*, 2 (1), 163–178. より加工転載)

了年齢と比べると比較的遅めであるという、意外な結果でした。土器や植物質食料資源の豊富な縄文時代には、むしろ離乳終了年齢は早めであろうと予想されていたからです。

　後者の研究では、江戸時代の堺環濠都市遺跡（大阪府）から出土した小児人骨64体が分析され、もっとも確率の高い離乳終了年齢

は1年11カ月と推定されました。これは、当時さかんに出版されるようになった育児書にある、3年程度という授乳期間よりも明らかに短いものでした。むしろ、この研究であきらかになったような短い授乳期間への対応措置として、育児書の内容が長めの授乳期間を推奨していた可能性も提示されました。

　以上のように、人骨に残るコラーゲンを抽出して、その安定同位体比を測定することで、離乳の年齢について推定することが可能になっています。それでは、離乳にあたってどのような食事、すなわち離乳食が用いられたのかは、どのようにしたら知ることができるでしょうか。

　地球上ではさまざまなパターンの授乳や離乳が行われています。例えば、ケニヤのトゥルカナ族のように、母乳を無制限に与えつつもラクダやウシのミルクを発酵させたバターを生後2週間から与え、その後3カ月後にラクダの乳、6カ月後に牛乳、さらにその後にヤギの乳を与えるという、かなり複雑な例もあります。乳製品以外にも穀物が離乳食に用いられるケースも多く、バラエティは無限に広がります。過去の離乳食について、どのくらいのことがわかっているのでしょうか。

　ストックホルム大学のレイチェル・ハウクロフト（Rachel Howcroft）らは、ヒトと動物のミルクに含まれる栄養素の違いや民族事例などを調査して、動物を家畜化したヨーロッパの新石器時代において、ウシ、ヤギ、ヒツジのミルクがヒトの母乳の代わりに用いられた可能性を検討しました。その結果、これら反芻動物のミルクはヒトの乳よりもタンパク質の含有量が高く乳児の代謝にストレス

を与える可能性があるため、動物性ミルクは母乳の消費量の減少を十分に補うことはできないものの、発酵乳製品は貴重な離乳食になっていた可能性がある、と結論づけています。この、過去の離乳食に動物のミルクが用いられたのかどうかという問題に関して、数年前に興味深い研究事例が発表されました。

　ブリストル大学のジュリー・デュネ（Julie Dunne）らの研究では、ドイツのバイエルン州の青銅器時代（アウグスブルク・ハウシュテッテン遺跡、1200–800 BC）と鉄器時代（ディエフルト・タンクシュテッレ遺跡およびディエフルト・テニスプラッツ遺跡、800–450 BC）の幼児の墓からそれぞれ発見された３つの小さな注口付き土器が分析され、その容器に入っていた食品についての化学的証拠が提示されました。

　この研究に用いられた方法は、本書で何度も登場した、土器残存脂質分析です。出土状況や器形を根拠に、これらの容器は幼児に食事を与えるのに用いられていたと推定され、"baby bottles" と名付けられました。論文の末尾には、現代の赤ん坊が分析対象土器と同型のレプリカ土器を口にくわえる非常に印象的な写真が添えられており、想像力をかき立てます。さて、土器から抽出された脂質の個別脂肪酸安定炭素同位体比を調べたところ、-3.4‰、-3.6‰、-3.7‰という非常に低い値の $\Delta^{13}C$ が確認され、反芻動物のミルクが含まれていたことがわかりました。このことから、当時の社会において、離乳食を確保し集団規模を拡大していく上で、家畜の乳が重要な役割を果たしたという仮説が提示されました。

　これら３点の土器はすべて、子供が埋葬されていた墓に副葬され

ていました。ギリシャのイピロスというところで、群れを誘導する
ための羊を育てるために、メス親からの乳をとりおいて、人の手で
哺乳瓶から飲ませる例があるというので、哺乳瓶が人間の子供だけ
に用いられるであろうという私たちの先入観は捨て去らなくてはな
りません。しかし、この事例の場合は、出土土器が子供の埋葬に伴
うことから、人が哺乳の対象であった可能性は高いと思われます。

　本書で何度も紹介したように、土器に残された残存有機物からミ
ルクの痕跡を同定するのは、脂質分析の得意とするところです。デュ
ネらによるこの研究の新しさは、人類史上の重要な問題について検
討するために、土器の形態や出土状況という考古学的情報と、それ
を検証するのに適した生化学的分析方法を組み合わせて一定の結論
を導いた、というところにあります。「考古科学」は、考古学だけ
でなく、また科学だけでなく、両方がその持ち味を発揮してこそ良
い成果を得ることができる、ということを示した好例といえそうで
す。

註
（1）ヒトの腸内に存在する、細菌やウイルスなど数多くの微生物の総体。
　　　腸内微生物叢は、免疫・代謝反応を介して宿主であるヒトと相互作
　　　用するとされている。
（2）カルチャー（Culture）という語には、もちろん、文化という意味
　　　もあるが、特にスターターカルチャー（Starter Culture）といった
　　　場合は、発酵プロセスを開始するために加えられる少量のイースト、
　　　カビ、バクテリアのことを指す。例えば、パン生地に添加されるイー
　　　ストや、牛乳からヨーグルトの形成を開始する乳酸菌培養物などが
　　　これにあたる。

（3） http : //christinawarinner.com/research-2/research-h/
2023 年 1 月現在

（4） ロックフォール（Roquefort）チーズは、フランス産のアオカビ熟
成チーズ。フランス南部に位置するアヴェロン県ロックフォール＝
シュル＝スールゾン村の地下洞窟で、コムギ・オオムギで作ったパ
ンにアオカビ（*P. roqueforti*）を繁殖させ、これを羊乳を原料とし
たチーズ原料に加えて熟成させる。

主な参考文献

石毛直道編 2008『世界の発酵乳―モンゴル・キルギスそして健康な未来へ―』はる書房

江原絢子・平田昌弘・和仁皓明編 2019『近代日本の乳食文化　その経緯と定着』中央法規出版

大塚　滋 1975『食の文化史』中公新書　中央公論社

河村洋二郎・木村修一編 1987『うま味―味の再発見』女子栄養大学出版部

関根真隆 1969『奈良朝食生活の研究』吉川弘文館

武田尚子 2017『ミルクと日本人　近代社会の「元気の源」』中公新書　中央公論新社

谷　泰 1997『神・人・家畜文化―牧畜文化と聖書世界―』平凡社

東四柳祥子 2019『料理書と近代日本の食文化』同成社

平田昌弘 2013『ユーラシア乳文化論』岩波書店

平田昌弘 2014『人とミルクの1万年』岩波ジュニア新書　岩波書店

廣野　卓 1995『古代日本のミルクロード　聖徳太子はチーズを食べたか』中公新書　中央公論社

藤井純夫 1982「紀元前四千年紀のパレスチナにおける乳の加工利用と遊牧文化的側面について」『岡山市立オリエント美術館研究紀要』2

三宅　裕 1996「西アジア先史時代における乳利用の開始について―考古学的にどのようなアプローチが可能か―」『オリエント』39-2

雪印乳業健康生活研究所編 1992『乳利用の民族誌』中央法規出版

ジャン・ボテロ著　松島英子訳 2003『最古の料理』法政大学出版局

ポール・キンステッド著　和田佐規子訳 2013『チーズと文明』築地書館

ルイス・フロイス著　岡田章雄訳注 1991『ヨーロッパ文化と日本文化』岩波文庫　岩波書店

Childe, V. G. 1925 *The Dawn of European Civilization.* London : Kagan Paul.

Craig, O. E. *et al.* 2015 Feeding Stonehenge : cuisine and consumption

at the Late Neolithic site of Durrington Walls. *Antiquity*, 89 (347):
1096–1109.

Cubas Morera, M. *et al.* 2020 Latitudinal gradient in dairy production
with the introduction of farming in Atlantic Europe. *Nature Commu-
nications*, 11 : 2036.

Evershed, R. P. *et al.* 2008 Earliest date for milk use in the Near East
and southeastern Europe linked to cattle herding. *Nature*, 455 (7212):
528–531.

Evershed, R. P. *et al.* 2022 Dairying, diseases and the evolution of lac-
tase persistence in Europe. *Nature*, 608 (7922): 336–345.

Hendy, J. *et al.* 2018 Ancient proteins from ceramic vessels at Çatal-
höyük West reveal the hidden cuisine of early farmers. *Nature Com-
munications*, 9 : 4064.

Lucquin, A. *et al.* 2023 The impact of farming on prehistoric culinary
practices throughout Northern Europe. *Proceedings of the National
Academy of Sciences of the United States of America*, 120 (43): e
2310138120.

Murakami, N. *et al.* 2022 Lipid residues in ancient pastoralist pottery
from Kazakhstan reveal regional differences in cooking practices.
Frontiers in Ecology and Evolution, 10 : 1032637.

Sherratt, A. 1981 Plough and pastoralism : Aspects of the secondary
products revolution. *Pattern of the Past* (Hodder, I., Isaac, G., and
Hammond, N. eds.). Cambridge University Press.

Yang, Y. *et al.* 2014 Proteomics evidence for kefir dairy in Early
Bronze Age China. *Journal of Archaeological Science*, 45 : 178–186.

Warinner, C. *et al.* 2014 Direct evidence of milk consumption from an-
cient human dental calculus. *Scientific Reports*, 4 : 7104.

Warinner, C. 2022 An Archaeology of Microbes, *Journal of Anthropo-
logical Research*, 78 (4): 420–458.

初 出 一 覧

　本書は基本的には全編書き下ろしですが、一部の記述については、すでに公表されている、筆者あるいは筆者らによる著作に重複する部分がありますので、それをここに明記します。

第 4 章　1 節の一部
「土器残存脂質からみた平安時代の牧における動物利用」『日本文化財科学会第 37 回大会研究発表要旨集』日本文化財科学会（2020 年 9 月）

第 4 章　2 節の一部
カザフスタンで蘇に出逢う／なぶんけんブログ（2020 年 10 月）
Murakami, N. *et al.* 2022 Lipid residues in ancient pastoralist pottery from Kazakhstan reveal regional differences in cooking practices. *Frontiers in Ecology and Evolution*, 10：1032637.（2022 年発表、村上夏希さんらとの共著）

第 5 章　4 節
考古学の新しい研究法「考古生化学：Biomolecular Archaeology」6 ―過去の授乳と離乳について知る／『文化遺産の世界』コラム（2022 年 8 月）
（上記掲載 URL　https：//www.isan-no-sekai.jp/column/8902）

##　お　わ　り　に

　考古学者には、夢があります。

　それは、かつてこの地球上に生きた人たちがどのような暮らしを営み、それがどのように現代の私たちに受け継がれてきたのか、あるいはそこに何か失われた大切なものがなかったのかをより深く知ること。そして、その知識を、私たちの子供や、そのまた次の世代がより良く生きるための糧とすることです。

　ミルクの考古学的研究は、日本ではまだ始まったばかりといっても過言ではありません。しかし、私がこの分野に強く惹かれるようになったのは、本書にも登場したクリスティナ・ワリナー（Christina Warinner）さんとの出会いによるものです。乳製品の歴史をさかのぼることによって、乳糖不耐症の問題、腸内細菌の多様性の問題という、きわめて現代的な課題に正面から立ち向かうことができます。そこには、学問の文系や理系の区別、対象とする時代の過去や現代といった壁は一切ありません。彼女の仕事に接して、考古学者の仕事が、考古学者の夢と直接つながっているのを目の当たりにしたように感じました。

　本書では、考古学的な遺跡や遺物に残る有機物・無機物から乳製品の証拠をどのように見つけ出すことができるのか、ワリナーさんらを筆頭とし、研究の進んでいるイギリスやヨーロッパでの研究事例に詳しくふれながら、こうした研究方法がモンゴルやカザフスタ

ン、そして日本などアジア地域でも適用されてきたことをみてきました。一冊の本にするまでにずいぶんと時間をかけてしまいましたが、ここに至るまでにさまざまな方のご協力を頂きながら以下の事業を開催することができ、それらの内容が本書に直接的につながっています。

　1つめは、2018年7月16日に一般社団法人Jミルクで行われ、私が通訳をつとめた、クリスティナ・ワリナー博士による乳の社会文化ネットワーク特別講演会「ひきつがれる酪農文化〜ユーラシアの先史時代における起源から現代の多様性まで〜」。2つめは、2018年12月8日に国立民族学博物館で行った、「古代ユーラシアにおける乳製品の加工と利用：考古生化学によるミルク研究の最先端と北東アジア地域の位置付け」。これらの実施に当たっては、日本学術振興会から頂いた科学研究費挑戦的研究（萌芽）「日本古代の乳製品加工に関する考古化学的証拠の探求」の支援が不可欠でした。感謝いたします。そして3つめは、2019年12月7日に私自身が、ミルク1万年の会の主催による「ミルクで繋がる講演と交流の集い2019」にご招待いただき行った講演「最新の考古学研究の成果が示す人類の乳利用の歴史」です。こうした講演会やシンポジウムの場での交流が、とかく興味が分散しがちな自分の中で考えをまとめるのに、きわめて重要な役割を果たしました。

　また、これらの行事と前後して、研究環境にも大きな変化があったことに触れないわけにはいきません。土器残存脂質分析を行うために必要な2つの実験室、ドリリングラボ（土器等の粉体化）と有機化学ラボ（脂質抽出のための化学処理およびGC-MSによる測定）

を、誰も使わなくなった装置を使わせてもらったり、研究所敷地内の各部門からスペースを間借りしたりして、まがりなりにも設置できたことは、研究を進める上での大きなステップアップとなりました。それにも増して、専属の技術補佐員になってくれた鈴木美穂さんと八重垣幸絵さん、アソシエイトフェローとしてはるばる奈良に赴任してきてくれた村上夏希さんという、同じ目的に向かって一緒に働いてくれる仲間たちを得たことは、何よりの幸運でした。それぞれの個性を生かしたチームワークを通じて私たちのオリジナルなデータを産むことができるようになったことで、私が残存脂質分析の方法を学んだヨーク大学 BioArCh 研究所と連携しながら、本書でも紹介したような成果を安定的に世に出すことができるようになったのです。改めて、関係各位のご支援に、心から感謝します。

　最後に、この本を書くにあたり、以下の方々から特にご協力を頂きました。Christina Warinner さん、Jessica Hendy さん、Oliver Craig さん、Alexandre Lucquin さん、Miriam Cubas さん、Penny Bickle さん、Shevan Wilkin さん、Miranda Evans さんからは、イギリスやヨーロッパにおいて猛スピードで進む研究の現状について、折に触れてご教示を頂き、また写真や図の使用許可を頂きました。ミルク考古学の推進者である彼女ら・彼らとの個人的なコミュニケーションを持てたことは、幸運というより他にありません。また、Akhan Onggaruly さんは、カザフスタン考古学初心者の私を温かく受け入れてくださり、本書にも貴重な写真を提供してくださいました。小長谷有紀さん、池谷和信さん、辛島博善さん、前田浩史さんには、上に触れた、さまざまな行事において格別のご厚意を

頂きました。植月学さん、桑田訓也さんには、上記研究プロジェクトの共同研究者としてご協力を頂きました。坂上あきさん、三原茂さん、八重垣幸絵さん、横山佳子さん、植木実果子さんには、お忙しい中、草稿への貴重なコメントを頂きました。そして、佐藤涼子さんは、のれんに腕押しの私に数年にわたって辛抱強くハガキを書き続け、柔らかな催促を続けてくださいました。また、金原美恵子さんには編集の細かな点に至るまで、丁寧に作業していただきました。末筆ながらご芳名を記して、改めて感謝の気持ちをお伝えします。

2024 年 2 月 20 日
カンボジア・アンコールにて

庄田慎矢

執筆者紹介

庄田慎矢 (しょうだ　しんや)

1978 年　北海道生まれ

2001 年　東京大学文学部歴史文化学科卒業。同大学
　　　　　院修士課程修了。大韓民国国立忠南大学校
　　　　　大学院考古学科卒業（文学博士）。日本学
　　　　　術振興会特別研究員（PD）を経て、

2009 年より独立行政法人国立文化財機構奈良文化財
　　　　　研究所に勤務。都城発掘調査部研究員、同
　　　　　主任研究員を経て、

2020 年より企画調整部国際遺跡研究室長。
　　　　　英国ヨーク大学名誉訪問研究員およびセイ
　　　　　ンズベリー日本藝術研究所アカデミック・
　　　　　アソシエイト。

〔主な編著書〕

An Illustrated Companion to Japanese Archaeology
　2nd Edition（共編、Archaeopress、2020 年）

『アフロ・ユーラシアの考古植物学』（編著・訳、ク
　バプロ、2019 年）

『武器形石器の比較考古学』（共編著・訳、書景文化
　社、2018 年）

『AMS 年代と考古学』（共著、学生社、2011 年）

『青銅器時代の生産活動と社会』（学研文化社、2009
　年）

市民の考古学⑲

ミルクの考古学

2024 年 4 月 5 日発行

著　者	庄　田　慎　矢
発行者	山　脇　由　紀　子
印　刷	亜細亜印刷㈱
製　本	協栄製本㈱

発行所　　東京都千代田区平河町1-8-2
　　　　　（〒102-0093）山京半蔵門パレス　　㈱同成社
　　　　　TEL 03-3239-1467　振替 00140-0-20618

ISBN978-4-88621-949-7 C1320

（表示価格はすべて本体価格）